中华精神家园
杰出人物

诗神巨星

天才诗人与妙笔华篇

肖东发 主编　任芳芳 编著

中国出版集团
现代出版社

图书在版编目（CIP）数据

诗神巨星 / 任芳芳编著. — 北京：现代出版社，
2014.10（2020.01重印）
（中华精神家园丛书）
ISBN 978-7-5143-3091-5

Ⅰ. ①诗… Ⅱ. ①任… Ⅲ. ①诗人－生平事迹－中国
－古代 Ⅳ. ①K825.6

中国版本图书馆CIP数据核字(2014)第259251号

诗神巨星：天才诗人与妙笔华篇

总 策 划：陈 恕
主　　编：肖东发
作　　者：任芳芳
责任编辑：王敬一
出版发行：现代出版社
通信地址：北京市定安门外安华里504号
邮政编码：100011
电　　话：010-64267325 64245264（传真）
网　　址：www.1980xd.com
电子邮箱：xiandai@cnpitc.com.cn
印　　刷：山东省东营市新华印刷厂
开　　本：710mm×1000mm 1/16
印　　张：11
版　　次：2015年4月第1版 2020年1月第3次印刷
书　　号：ISBN 978-7-5143-3091-5
定　　价：40.00元

　　党的十八大报告指出："文化是民族的血脉，是人民的精神家园。全面建成小康社会，实现中华民族伟大复兴，必须推动社会主义文化大发展大繁荣，兴起社会主义文化建设新高潮，提高国家文化软实力，发挥文化引领风尚、教育人民、服务社会、推动发展的作用。"

　　我国经过改革开放的历程，推进了民族振兴、国家富强、人民幸福的中国梦，推进了伟大复兴的历史进程。文化是立国之根，实现中国梦也是我国文化实现伟大复兴的过程，并最终体现为文化的发展繁荣。习近平指出，博大精深的中国优秀传统文化是我们在世界文化激荡中站稳脚跟的根基。中华文化源远流长，积淀着中华民族最深层的精神追求，代表着中华民族独特的精神标识，为中华民族生生不息、发展壮大提供了丰厚滋养。我们要认识中华文化的独特创造、价值理念、鲜明特色，增强文化自信和价值自信。

　　如今，我们正处在改革开放攻坚和经济发展的转型时期，面对世界各国形形色色的文化现象，面对各种眼花缭乱的现代传媒，我们要坚持文化自信，古为今用、洋为中用、推陈出新，有鉴别地加以对待，有扬弃地予以继承，传承和升华中华优秀传统文化，发展中国特色社会主义文化，增强国家文化软实力。

　　浩浩历史长河，熊熊文明薪火，中华文化源远流长，滚滚黄河、滔滔长江，是最直接的源头，这两大文化浪涛经过千百年冲刷洗礼和不断交流、融合以及沉淀，最终形成了求同存异、兼收并蓄的辉煌灿烂的中华文明，也是世界上唯一绵延不绝而从没中断的古老文化，并始终充满了生机与活力。

　　中华文化曾是东方文化摇篮，也是推动世界文明不断前行的动力之一。早在500年前，中华文化的四大发明催生了欧洲文艺复兴运动和地理大发现。中国四大发明先后传到西方，对于促进西方工业社会的形成和发展，曾起到了重要作用。

　　中华文化的力量，已经深深熔铸到我们的生命力、创造力和凝聚力中，是我们民族的基因。中华民族的精神，也已深深植根于绵延数千年的优秀文化传统之中，是我们的精神家园。

　　总之，中华文化博大精深，是中国各族人民五千年来创造、传承下来的物质文明和精神文明的总和，其内容包罗万象，浩若星汉，具有很强的文化纵深，蕴含丰富宝藏。我们要实现中华文化伟大复兴，首先要站在传统文化前沿，薪火相传，一脉相承，弘扬和发展五千年来优秀的、光明的、先进的、科学的、文明的和自豪的文化现象，融合古今中外一切文化精华，构建具有中国特色的现代民族文化，向世界和未来展示中华民族的文化力量、文化价值、文化形态与文化风采。

　　为此，在有关专家指导下，我们收集整理了大量古今资料和最新研究成果，特别编撰了本套大型书系。主要包括独具特色的语言文字、浩如烟海的文化典籍、名扬世界的科技工艺、异彩纷呈的文学艺术、充满智慧的中国哲学、完备而深刻的伦理道德、古风古韵的建筑遗存、深具内涵的自然名胜、悠久传承的历史文明，还有各具特色又相互交融的地域文化和民族文化等，充分显示了中华民族的厚重文化底蕴和强大民族凝聚力，具有极强的系统性、广博性和规模性。

　　本套书系的特点是全景展现，纵横捭阖，内容采取讲故事的方式进行叙述，语言通俗，明白晓畅，图文并茂，形象直观，古风古韵，格调高雅，具有很强的可读性、欣赏性、知识性和延伸性，能够让广大读者全面接触和感受中国文化的丰富内涵，增强中华儿女民族自尊心和文化自豪感，并能很好继承和弘扬中国文化，创造未来中国特色的先进民族文化。

2014年4月18日

上古时期——诗坛祖师

中古时期——诗界泰斗

近古时期——词坛巨擘

近世时期——诗词大家

诗坛祖师

　　春秋战国是我国历史上的上古时期。这一时期的诗歌是我国诗歌的源头，其中《诗经》是我国现实主义诗歌，据说主要采集者是被尊称为中华诗祖的尹吉甫。而《楚辞》是我国浪漫主义诗歌的源头，是战国时代伟大诗人屈原创造的一种诗体，其后继者有宋玉、景差等。

　　屈原作为伟大的浪漫主义诗人，熔铸创造自己的独立风格，使作品既有深刻的政治内涵，又有极高的艺术成就，其浪漫主义诗风影响千年。

中华诗祖宣王大臣尹吉甫

尹吉甫（前852—前775年），姓兮，字伯吉父，周宣王的大臣。出生于古蜀国江阳，即今四川省泸州市龙马潭区石洞镇，死后葬于今湖北房县青峰山。周宣王曾亲命大臣作诗为颂"文武吉甫，天下为宪"，并封尹吉甫为太师。他的主要代表作品有《崧高》《烝民》等。

尹吉甫是我国历史上著名的政治家、军事家和文学家，《诗经》的主要采集者，被尊称为中华诗祖。房县民间有着大量有关尹吉甫的鲜活生动的传说故事，更有大量翔实的文物遗迹。

■ 尹吉甫雕塑

■ 周宣王（前824年—前781年），姬姓，名静，周厉王之子。周朝第十一位王。谥号"世宗"。宣王即位后，整顿朝政，使已衰落的周朝一时复兴。宣王的主要功业是讨伐侵扰周朝的戎、狄和淮夷，史称"宣王中兴"。

传说，在周宣王初年，辅弼宣王的大臣有尹吉甫、仲山甫、方叔等人。但，只有尹吉甫为朝政中枢的重臣。宣王英明有道，"任贤使能"，使"周室赫然中兴"，百姓安居乐业，这是与尹吉甫辅佐分不开的。

西周厉王时期，由于厉王无道，横征暴敛，导致国势衰败，国人作难，民心涣散，四方少数民族趁机入侵。宣王即位后，北方猃狁入侵焦、获两地，很快进至泾水北岸。

公元前823年，大将尹吉甫受命率师北伐，由于尹吉甫抱着保卫家邦、效力王室的决心和必胜信念，

■ 巨著《诗经·大雅》书影

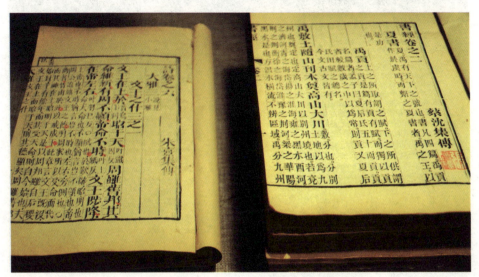

《诗经》是我国汉族文学史上最早的诗歌总集,收入自西周初年至春秋中叶大约五百多年的诗歌。《诗经》中的诗的作者,绝大部分已经无法考证。其所涉及的地域,主要是黄河流域,西起陕西和甘肃东部,北到河北西南,东至山东,南及江汉流域。

再加上他治军有方,用兵如神,周朝军队所向披靡,猃狁军闻风丧胆,周朝大获全胜凯旋。

《诗经·小雅·六月》记述并讴歌了这次战斗,全诗详述了征战的经过,并称颂了尹吉甫的卓越才能和赫赫战功。

此后,尹吉甫威名大震,因功被授任内史大臣。尹吉甫胜利班师回朝后,又奉命统帅军队到成周,也就是后来的河南洛阳东一带,征收南淮少数民族的贡赋。为宣王中兴立下了汗马功劳,因此,他深受周王室的倚重。

尹吉甫不仅武略盖世,而且文才超群,《诗经》记载:"文武吉甫,万邦为宪。"后人称赞尹吉甫"文以服众,武以威敌,事业文章,炳然千古"。他的诗作《蒸民》和《崧高》等均被收入《诗经·大雅》之中。

他的诗歌主要是歌颂和赞美周宣王的功绩,但对

■《诗经·小雅》
石刻

《诗经·周南·关雎》石刻

宣王疏远贤臣等过失也做了善意批评。如《大雅·烝民》：

> 衮职有阙，唯仲山甫补之。
> 宣王君德有失也，仲山甫则能补之。

又如，他在《大雅·嵩高》文中对宣王含有讽意。他的诗歌真实地反映了宣王的"功"与"过"，对其做了正确的评价。可以说，尹吉甫的诗对于历代进步诗人影响较大。

阅读链接

尹吉甫到底是哪里人？现在我国存在近10种版本和说法，比较典型的主要有四种说法。

比较突出的两种说法：一说是西周房陵，也就是现在的湖北省十堰房县人，一说是西周封钜，即河北省沧州南皮人；还有两种说法：一说是西周中都邑，即山西省平遥人，一说古蜀国江阳，即四川省泸州石洞人。

那么为什么大家会这么认为呢？因为尹吉甫在这几个地方都有墓和墓碑遗址。但是，在这些说法中，说他是西周房陵人的居多。据说，在当地至今流传着他的很多传说和遗迹。

伟大的浪漫主义诗人屈原

屈原（前340年—前278年），名平，又自云名正则，号灵均。生于战国末期楚国丹阳，即湖北省秭归。我国历史上最伟大的浪漫主义诗人之一，也是我国已知最早的著名诗人，世界文化名人。

屈原写下许多不朽诗歌名篇，成为我国古代浪漫主义诗歌的奠基者，在楚国民歌的基础上创造了新的诗歌体裁楚辞。主要作品有《离骚》《九章》《九歌》《天问》等。在诗中抒发了自己炽热的爱国主义思想感情，表达了对楚国的热爱，体现了他对理想的不懈追求和为此九死不悔的精神。

■我国古代爱国诗人屈原画像

屈原出生在楚国的一个贵族家庭，从小就胸怀大志，他学习非常刻苦，常常为了读一本书整夜不睡，慢慢地积累了丰厚的知识。当时楚国内忧外患，他决心为国为民贡献自己的一切，同时盼望楚王走改革图强的道路，成就统一天下的大业。

屈原25岁开始从政，希望楚怀王进行改革，壮大国力，但被大臣靳尚等人破坏了。楚怀王被秦国害死后，屈原又劝即位的楚顷襄王搜罗人才，远离小人，操练兵马，为国家和怀王报仇雪耻。

靳尚等人仇视屈原更反对这种说辞，就想方设法在顷襄王面前诋毁屈原。楚顷襄王听信谗言，最后把屈原放逐到湘南。

屈原在流放地，常一个人在汨罗江唱着伤心的诗歌。公元前278年农历五月初五那天，屈原得知秦国攻占楚国都城，悲愤欲绝。他不愿意随波逐流地活着，于是抱着一块大石头，跳到汨罗江自杀了。

附近的庄稼人听到这个消息，都划着小船去救屈原。可是一片汪洋，根本不见屈原的影子。大伙儿在汨罗江上捞了半天，也没有找到屈原的尸体，就把竹筒里的米饭撒了下去，希望江里的鱼儿吃了筒子里的米饭，就不会再吃屈原的尸体了。

后来，这种纪念屈原的活动渐渐成为一种风俗，

■ 屈原投江处石刻碑

靳尚 古战国楚臣。在正史中，王逸的《离骚经序》和司马迁的《史记·屈原列传》，都将靳尚评定为一个小人。靳尚屡次谗言屈原，致使屈原被流放。

汨罗江 是洞庭湖滨湖区的主要河流之一，因上古时半姓罗国位于此处而得名。战国末年，楚国诗人屈原因反对楚怀王和楚顷襄王的对外政策，被流放至汨罗江畔的玉笥山，在这里他写出了巨著《离骚》《天问》等。

■ 屈原传世巨作
《离骚》摩崖石刻

人们又把盛着米饭的竹筒改为粽子，把划小船改为赛龙船。现在的端午节，据说就是这样来的。

在流放期间，屈原为后世留下了许多不朽名篇。他在楚国方言的基础上，借鉴民族歌曲的表现方式，创造出了一种新的文学模式"楚辞"，并创作了许多伟大的诗篇。这些作品文字华丽，想象奇特，比喻新奇，内涵深刻，成为我国文学的起源之一。《离骚》是屈原的代表作，共300多句，计2400多字，是我国古代诗歌史上最长的一首浪漫主义政治抒情诗。

《离骚》以叙事为脉络，分为五大章。第一章，诗人从家世和出生写起，回顾了有生以来的奋斗及其不幸遭遇；第二章，面对自己的失败，诗人进行了一番深刻的反思，经过反思，坚定了信念；第三章，诗人积极地重新求索，然而上下求索后却没有结果；第四章，诗人又陷入苦闷与徘徊之中；第五章，诗人虽然通过缜密思虑后决定西去，但憧憬的西去还是因为眷顾楚国而中途决然放弃，结果只能选择以死殉国。

全诗通篇是以第一人称叙事的结构，情节分明，脉络清晰，而它的言志、抒情，都融入叙事过程之中，密切结合情节发展的具体阶段来进行，从而达到

端午节 为每年农历五月初五，又称端阳节、午日节、五月节等。端午节起源于中国，百越之地在上古时代就有以龙舟竞渡形式祭祀龙的习俗。因为战国时期的楚国诗人屈原在端午节抱石跳汨罗江自尽，后世也将端午节作为纪念屈原的节日，并把龙舟竞渡和吃粽子等，与纪念屈原联系在了一起。

一种悲愤倾诉的强烈效果。

《天问》是屈原根据神话、传说材料创作的诗篇，表现了作者的学术造诣及其历史观和自然观。全诗300多句，计1500多字，多为四言，兼有三言、五言、六言、七言，偶有八言，起伏跌宕，错落有致。全文自始至终以问句构成，对天、对地、对自然、对社会、对历史、对人生提出170多个问题，被誉为"千古万古至奇之作"。

《天问》的内容及其结构和层次，可以分为三大部分。第一部分是对自然结构提出问题，包括对宇宙起源、天体结构和日月星辰运行发问，接下来对大地结构和鲧禹治水、羿射十日等事件发问。

第二部分是对社会历史提出问题，包括对禹的婚姻、对夏代的历史发出一系列问题，接下来对商代历史提出一系列的问题，然后对周代历史直至春秋战国

鲧禹治水 即大禹治水是我国著名的上古时期的大洪水传说。三皇五帝时期，黄河泛滥，鲧、禹父子二人授命于尧、舜二帝，任崇伯和夏伯，负责治水。反映了古代劳动人民治理洪水的艰苦卓绝的斗争过程，他们所表现出来的那种执着的信念和前仆后继、不屈不挠的伟大斗争精神，至今依然闪烁着灿烂的光芒。

■ 屈原雕像及其《天问》石刻

若干事件提出一系列问题。

第三部分是尾声，内容主要是联系自己的遭遇，阐述屈原个人的感慨。这些问题的提出，体现出诗人的智慧。诗人凭借深沉的理性思考和热烈的情感，完成了一篇理性探索精神和文学情思相结合的经典诗作。也是我国古代朴素唯物主义著作。

《九歌》是屈原作品中最精的诗篇，代表了屈原艺术创作的最高成就。全诗包括《东皇太一》《云中君》《湘君》《湘夫人》《大司命》《少司命》《东君》《河伯》《山鬼》《国殇》《礼魂》共11章，是以娱神为目的的祭歌。

从《九歌》的内容和形式看，似为已具雏形的赛神歌舞剧。它以楚国宗祖的功德和英雄业绩为诗，以山川神祇和自然风物为诗，以神话故事和历史传说为诗，淋漓尽致地抒发了诗人晚年放逐南楚沅湘之间忠君爱国、忧世伤时的愁苦心情。

《九歌》中的"余、吾、君、佳人、公子"等，它们都是歌舞剧唱词中的称谓。主唱身份主要有3种：一是扮神的巫觋，男巫扮阳神，女巫扮阴神；二是接神的巫觋，男巫迎阴神，女巫迎阳神；三是助祭的巫觋。

　　《九歌》的结构多以男巫、女巫互相唱和的形式出现。其中有大量的男女相悦之词，他们在宗教仪式、人神关系的纱幕下，表演着人世间男女恋爱的活剧。

　　这种男女感情的抒写，是极其复杂曲折的。有时表现为求神不至的思慕之情，有时表现为待神不来的猜疑之情，有时表现为与神相会的欢快之情，有时表现为与神相别的悲痛与别后的哀思。

　　从诗歌意境上看，《九歌》所塑造的艺术形象，表面上是超人间的神，实质上是现实中人的神化，在人物感情的刻画和环境气氛的描述上，既活泼优美，又庄重典雅，颇有独到之处。

　　屈原是我国文学史上第一位伟大的爱国诗人，也是浪漫主义诗人

屈原祠正门

巫觋 巫师。古代称女巫为"巫"，男巫为"觋"，合称"巫觋"。后亦泛指以装神弄鬼替人祈祷为职业的巫师。人类刚刚有信仰时，还没有专门的执事人，当时的人大多都会施巫。随着氏族的出现，信仰活动的增加，才出现了专门的巫。

的杰出代表。其主要表现是他将对理想的热烈追求融入了艺术的想象和神奇的意境之中。如《离骚》写他御风而行，先叩天宫，帝阍闭门不纳；他又下求佚女，佚女恰巧不在那里；他去向宓妃求爱，宓妃却对他无礼；他欲求简狄和二姚，又苦于没有好的媒人去通消息。这种上天入地的幻想与追求反映了屈原在现实中对理想的苦苦探求。

此外，《九歌》《天问》等还采用大量神话和历史传说为素材，其想象之大胆、丰富，古今罕有。

在艺术形式上，屈原的作品在语言上采用了大量楚地方言，极富乡土气息。其方言土语大都经过提炼，辞藻华美，传神状貌，极富于表现力。

屈原的作品还以一系列比兴手法来表情达意。如他以鲜花、香草来比喻品行高洁的君子；以臭物、萧

■ 屈子祠内天问坛

艾比喻奸佞或变节的小人；以佩带香草来象征诗人的品德修养。

这种"香草美人"的比兴手法，使现实中的忠奸、美丑、善恶形成鲜明对照，产生了言简意赅、言有尽而意无穷的艺术效果。

除此之外，他所开创的新诗体楚辞，突破了《诗经》的表现形式，极大地丰富了诗歌的表现力，为我国古代的诗歌创作开辟了一片新天地。后人也因此将《楚辞》与《诗经》并称为"风""骚"。

"风""骚"是我国诗歌史上现实主义和浪漫主义两大优良传统的源头。同时，以屈原为代表的楚辞还影响到汉赋的形成。

屈原汉白玉雕

阅读链接

有一个经常在汨罗江打鱼的渔夫，有一天见到屈原，问道："您是楚国的大夫，怎么会弄到这个地步？"

屈原说："众人皆浊，唯我独清；众人皆醉，唯我独醒。所以我被赶到这儿了。"

渔夫反对屈原的说法。屈原解释道："我听人说，刚洗头的人总要把帽子弹弹，刚洗澡的人总是喜欢掸掸衣上的灰尘。我宁愿跳进江心，埋在鱼肚子里去，也不能拿自己干净的身子跳到污泥里，去染得一身脏。"

渔夫听了这番话，也说不出什么话来，更加佩服屈原了。

战国著名楚辞赋大家宋玉

宋玉（前298年—前222年），又名子渊，战国时鄢城，即今湖北省襄阳市宜城市人，汉族。战国后期楚国辞赋作家。

宋玉生于屈原之后，相传是屈原的学生，好辞赋，与唐勒、景差齐名。他平生所作辞赋甚多，流传作品有《九辨》《风赋》《高唐赋》《登徒子好色赋》等。

宋玉艺术成就很高，为屈原之后最杰出的楚辞作家，后世常将两人合称为"屈宋"。

■ 楚国辞赋作家宋玉石刻

关于宋玉的生平，据史学家司马迁的《史记·屈原贾生列传》中记载：

■ 楚襄王问宋玉浮雕像

> 屈原既死之后，楚有宋玉、唐勒、景差之徒者，皆好辞而以赋见称。然皆祖屈原之从容辞令，终莫敢直谏。

这些简略的记述说明宋玉是在屈原以后出名的，并和楚国的唐勒、景差等人一样，都喜欢辞赋。

以后，西汉儒家大家韩婴的《韩诗外传》中又有"宋玉因其友而见楚相"的说法。而西汉文学家刘向在其《新序》中则作"宋玉因其友以见楚襄王""事楚襄王而不见察"，同时又有"楚威王问于宋玉"的话。

东汉文学家王逸在《楚辞章句》中则说他是屈原

的弟子。晋代习凿齿《襄阳耆旧传》又说：

> 宋玉者，楚之鄢人也，故宜城有宋玉，始事屈原，原既
> 放逐，求事楚友景差。

总之，关于宋玉的生平，众说纷纭，至难分晓。大体上说，宋玉是生于屈原之后，且出身寒微，在仕途上颇不得志。

宋玉最早的作品，据东汉史学家班固撰写的《汉书·艺文志》中记载，共有16篇。现今相传为他所作的《九辩》《招魂》两篇，《风赋》《高唐赋》《神女赋》《登徒子好色赋》《对楚王问》5篇，《笛赋》《大言赋》《小言赋》《讽赋》《钓赋》《舞赋》6篇，以及《高唐对》《微咏赋》《郢中对》3篇。

这些作品分别收集在王逸的《楚辞章句》，南朝梁代文学家萧统的《文选》、宋代章樵的《古文苑》和明代刘节的《广文选》中。这

宋玉石像

■ 宋玉赋诗意图

些作品，真伪相杂，可信而无异议的只有《九辩》一篇。《招魂》颇多争议，一般认为是屈原所作。

其中，《九辩》是一篇优秀的抒情长诗。王逸在《楚辞章句·九辩序》中说："宋玉，屈原弟子也。悯惜其师忠而放逐，故作《九辩》以述其志。"

但宋玉未必是屈原弟子，《九辩》也不纯为悯惜屈原之作，实际上有更多的自悯意味。

《九辩》主要抒发宋玉落拓不偶的悲愁和不平的心情，在一定程度上也揭露和批判了当时社会的黑暗。这里写出了小人当道，黑白颠倒的污浊现实。又如，文中写道：

处浊世而显荣兮，非余心之所乐；与其无义而有名兮，宁处穷而守高。

王逸 东汉著名文学家。字叔师，南郡宜城，今湖北襄阳宜城人。其尤擅长文学，所著赋、诔、书、论及杂文21篇，又作《汉诗》123篇，后人将其整理成集，名为《王逸集》，多已亡佚，唯有《楚辞章句》一种完整地流传下来了。王逸以"经义"维护屈原精神，并发愤所著《楚辞章句》，使屈原精神更加弘扬光大。

这里又表现了作者身处浊世的做人原则。长诗虽然有模拟屈原之处，但艺术上亦有独创性。主要是特别善于写景抒情，如：

悲哉秋之为气也，萧瑟兮草木摇落而变衰……

作者将肃杀的秋景与悲怆的心境融为一体，很能引起人的凄凉感，引起失意的封建文人的共鸣。全诗语言清新，想象丰富，手法细腻，主观客观和谐统一，所以，很受人推崇。

此外，其他如《高唐赋》《神女赋》《登徒子好色赋》《风赋》等篇，也有人认为不是宋玉所作，不过它们在文学史上的地位还是相当重要的。

宋玉的成就虽然难与屈原相比，但他是屈原诗歌艺术的直接继承者。在他的作品中，物象的描绘趋于细腻工致，抒情与写景结合得自然贴切，在楚辞与汉赋之间，起着承前启后的作用。后人多以屈宋并称，可见宋玉在文学史上的地位。

诗神巨星

天才诗人与妙笔华篇

阅读链接

一次，宋玉跟着楚襄王游览湖北的云梦地区，宋玉给楚襄王讲了巫山神女的故事，并为他作了《高唐赋》。当天夜里，宋玉又梦见了神女。

第二天，他把他梦见的神女的形象描述给楚襄王听，楚襄王叫宋玉用赋的形式把他梦中的情景描写一番，宋玉便作了著名的作品《神女赋》。

在此赋中，宋玉使用了"白日初出照屋梁""皎若明月舒其光""罗纨绮缋盛文章""极服妙采照万言""婉若游龙乘云翔"等诗句，其形式之新颖，被后人称为"后来七言之祖"。

以赋见称的楚辞赋家景差

景差（约前290年—前223年），芈姓，景氏，名差。战国时楚国人。他的家乡是秦时置晋阳县，属太原郡，现在山西太原市。景差身为国相，却能下车扶助被冻伤的平民，这对春秋时代的贵族而言，是十分难能可贵的，令人们非常地感动。景差覆衽，使人们看到了仁爱。

景差后于屈原，与宋玉同时，与宋玉、唐勒同时以赋见称。《史记·屈原列传》中认为他们"皆祖屈原之从容辞令，终莫敢直谏"，主要成就有楚辞《大招》。

■战国楚辞赋家景差画像

楚平王 芈姓，熊氏，名弃疾，一名居，春秋时期楚国国君。楚共王之子。曾施行了一些革弊兴国的政策，但他不久即昏妄，重用佞臣费无忌，陷害重臣伍奢、伍子胥等。埋下了日后吴师破郢、伍子胥鞭平王尸的祸根。

景氏出自楚平王。楚平王全谥为楚景平王，其后以谥命氏，为景氏。

景差是楚国人，其家乡秦时置晋阳县，属太原郡，即山西省太原市。他和宋玉同时以赋见称于战国晚期楚国文坛的作家，著名史学家司马迁在《史记·卷八十四》的结尾处提到：

屈原既死之后，楚有宋玉、唐勒、景差之徒，皆好辞而以赋见称。

另外，东汉史学家王逸在《楚辞章句》中称：

《大招》者，屈原之所作也，或曰景差，疑不能明也。

也就是说，在《楚辞》中有一篇名为《大招》的诗赋有可能是景差的作品，但也有可能是屈原之作。如此说来，在汉代时人们就分不清此赋是谁作的，则后世就更是聚讼纷纷。

南宋著名学者洪兴祖认为"《大招》恐非屈原作"，南宋著名思想家朱熹则斩钉截铁地说："《大招》决为差

■ 司马迁　字子长，生于西汉时夏阳，即陕西省韩城。西汉史学家、思想家和文学家。所著《史记》是我国第一部纪传体通史，同时在文学上取得了辉煌的艺术成就。因此，鲁迅称之为"史家之绝唱，无韵之离骚。"

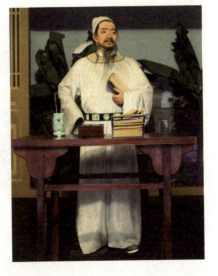

■ 朱熹（1130年—1200年），字元晦、仲晦，号晦翁、云谷老人、沧州病叟等，世称"朱子"。生于宋代南剑州尤溪，即福建省尤溪县。谥号"文"，爵位徽国公。南宋著名思想家，闽学派的代表人物。他完成了理气一元论的体系，是宋代理学的集大成者。

作无疑也。"

《大招》是一首招生魂的唱辞，为四言诗，是在原有民间招魂词的基础上改编而创作的。在招唤魂魄归来时，极言在外的困苦，家中饮食的丰厚，楼台的绚丽，歌舞的盛大，美女的妖艳和宝玩的珍贵。这魂魄对于安逸享乐的追求，是当时楚人对于欲望追求的一种普遍风气的象征性写照。

全文承袭了楚国民歌、音乐和巫事活动仪式，以及这种仪式中所具有的文辞等传统文化艺术形式。通过诵读全文，人们会感受到那浓浓的宗教气氛扑面而来，更能深深体会到楚国当时巫风激荡的盛况。

《大招》的通篇是以四言形式，隔句句尾用"只"字作语助，很像《招魂》的中间部分。其内容也是竭力渲染四方如何可怕，家乡如何可爱，劝魂魄归来安享，不要乱跑。文中写居止、饮食、游戏、女乐、陈设等，极力铺张，备极华美。而其归宿，则为王化德政。朱熹认为它是"尚此三王之道，以矫衰世之失也"。

唐朝著名诗人李商隐在《宋玉》中称：

何事荆台百万家，唯教宋玉擅才华。
楚辞已不饶唐勒，风赋何曾让景差。

黄庭坚（1045年—1105年），字鲁直，自号山谷道人，晚号涪翁，又称豫章黄先生。生于唐代洪州分宁，即今江西省修水县。北宋书法家、诗人和词人。在书法方面，他与苏轼、米芾、蔡襄并称"宋代四大家"。

景差纪念祠堂

落日渚宫供观阁，开年云梦送烟花。

可怜庾信寻荒径，犹得三朝托后车。

宋代诗人黄庭坚在《次韵答任仲微》中称：

伯氏文章足起家，雁行唯我乏芳华。

不堪黄绶腰铜印，只合清江把钓车。

缩项鱼肥炊稻饭，扶头酒熟卧芦花。

吴儿何敢当伦比，或有离骚似景差。

阅读链接

据说，景差在年轻的时候曾在郑国担任相国的职务。

有一年严冬的一天，有一个郑国人涉水过河，当他来到对岸时，已冻得浑身发抖，难以行走。刚好景差从那里经过，见此情景，赶快下车把那人扶到车上。景差让那人坐在自己身边，并用衣襟盖着那人的腿。那人感动得不知说什么才好。这件事一时传为美谈。

景差身为国相，却能下车扶助被冻伤的平民，这对春秋时代的贵族而言，是难能可贵，令人感动的。景差这样做，让人们看到了仁爱。

诗界泰斗

秦汉至隋唐是我国历史上的中古时期。曹操激昂的诗风，奠定了"建安风骨"的基调。两晋南北朝时期，陶渊明归隐田园与谢灵运放足山水，体现了民族融合重组下的文化生态。

隋代的统一激发了诗人的才情，薛道衡将战争带给人的精神余绪描写得淋漓尽致。唐初的开明治世使"初唐四杰"诗情勃发，以至形成空前的诗歌时代。

建安文学开创者曹操

　　曹操（155年—220年），字孟德，一名吉利，小字阿瞒。生于东汉时沛国谯郡，即今安徽省亳州。东汉末年著名的政治家、军事家、文学家和书法家。曹操的文学成就，主要表现在诗歌上。他的诗歌创作十分具有创新精神，充满了磅礴大气之势和不断进取的精神，开启并繁荣了建安文学，给后人留下了宝贵的精神财富，史称"建安风骨"。

　　鲁迅评价其为"改造文章的祖师"。在书法方面，曹操尤工章草，雄逸绝伦，唐朝张怀瓘在《书断》中评其为汉末章草五大家之一。

■ 建安文学的开创者曹操画像

曹操是三国中曹魏政权的缔造者，为统一我国北方做出了重大贡献。他对文学、音乐等都有深湛的修养。他的文学成就，主要表现在诗歌上，散文也很有特点。

曹操的诗歌，今存不足20篇，全是乐府诗体，内容主要是关涉时事和表述理想，也有很少一部分是游仙诗。有关涉时事的作品有《薤露行》《蒿里行》《苦寒行》《步出夏门行》等。《薤露行》云：

■ 曹操画像

　　唯汉廿二世，所任诚不良。
　　沐猴而冠带，知小而谋强。
　　犹豫不敢断，因狩执君王。
　　白虹为贯日，己亦先受殃。
　　贼臣持国柄，杀主灭宇京。
　　荡覆帝基业，宗庙以燔丧。
　　播越西迁移，号泣而且行。
　　瞻彼洛城郭，微子为哀伤。

《薤露行》的内容反映何进谋诛宦官事败，董卓入洛阳作乱的事儿。这首诗属于乐府《相和歌·相和曲》歌辞。相传齐国的田横不肯降汉，自杀身亡，其

乐府诗 是指由朝廷乐府系统或相当于乐府职能的音乐管理机关搜集、保存而流传下来的汉代诗歌。汉乐府诗歌一是供执政者祭祀祖先神明使用的效庙歌辞，其性质与《诗经》中"颂"相同；二是采集民间流传的无主名的俗乐，世称乐府民歌。

门人作了这两首歌来表示悲伤。"薤露"两字意谓人的生命就像薤上的露水,太阳一晒,极易干掉。曹操用此古调来写时事,开创了以古乐府写新内容的风气。

《蒿里行》这首诗写关东各州郡兴兵讨伐董卓,又各怀野心,互相杀伐,在内容上紧相承接。诗篇以简练的语言,高度概括地写出了这一段历史过程。尤其可贵的是,在《蒿里行》诗中他以同情的笔调,写出了广大人民在战乱中所罹的深重苦难。

《苦寒行》这首诗以"艰哉何巍巍"总领全篇。为了渲染凄哀险恶的气氛,诗人又以羊肠小路、恐怖战栗的熊吼虎叫、罕无人迹的漫漫大雪等物象感叹行军的艰难。以此为铺垫,顺势提出"思欲一东归"的念想。整个诗歌弥漫着悲凉之气,抒情真挚感人。

《步出夏门行》是组诗,共分五部分,开头是序曲《艳》,其后是《观沧海》《冬十月》《土不同》和《龟虽寿》四章。

《艳》是其后四首的前奏。随着作者问题的提出,读者不由得不关注，急于看其后文。而下面的就是四章正剧，问题的答案就在其中。

《观沧海》：

东临碣石，以观沧海。

水何澹澹，山岛竦峙。

树木丛生，百草丰茂。

秋风萧瑟，洪波涌起。

日月之行，若出其中；

星汉灿烂，若出其里。

幸甚至哉，歌以咏志。

诗人在这里描写的大海，既是眼前实景，又融进了自己的想象和夸张，展现出一派吞吐宇宙的宏伟气象，大有胸怀五岳的势态。这种吞吐气象，是诗人"眼中"景和"胸中"情交融而成的艺术境界。

言为心声，如果诗人没有宏伟的政治抱负，没有建功立业的雄心壮志，没有对前途充满信心的乐观气度，那是无论如何也写不出这样壮丽的诗境来的。过去有人说曹操诗歌有"霸气"，指的就是《观沧

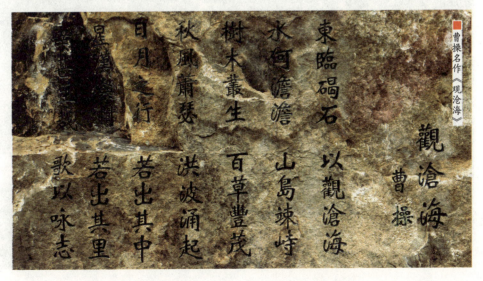

曹操名作《观沧海》

海》这类作品。

《冬十月》这首诗写于初冬十月，时间比前首稍晚。诗篇反映了战后在局部地区人民过上的安居乐业的生活，及诗人要求国家统一、政治安定和经济繁荣的理想。当时曹操虽在军行，也不忘关注民事。

《土不同》这首诗说的是北伐乌桓之后，回到冀州，这里的乡土与黄河以南的土地有很大不同。全诗描写了河北由于袁绍的统治导致的民生凋敝，社会秩序不安定的现状。

《龟虽寿》这首诗以一系列生动的比喻，表达诗人对人生及事业的看法："老骥伏枥，志在千里，烈士暮年，壮心不已。"这是诗人贯彻终生的积极进取精神的真实表白。此诗有一种震撼人心的巨大力量，使后代无数英雄志士为之倾倒若狂。

据《世说新语》记载：东晋时代重兵在握的大将军王敦，每酒后辄咏曹操"老骥伏枥，志在千里。烈士暮年，壮心不已"，忍不住以如意击打唾壶为节，壶口尽缺。

曹操诗以表述理想为主的诗歌有《度关山》《短歌行》等。这些作为诗人的理想社会是何等地令人神往。然而，诗人却不得不面对战火不断、百姓痛苦的呻吟的现实，理想与现实的反差实在是太大了。可以说，诗人描绘的人生理想是在批判现实的基础上发生的。

《短歌行》共有两首，是政治性很强的诗作，主要是为曹操当时所实行的政治路线和政策策略服务的，然而它那政治内容和意义却完全熔铸在浓郁的抒情意境之中。

《短歌行》充分发挥了诗歌创作的特长，准确而巧妙地运用了比

■ 曹操纪念馆

兴手法，来达到寓理于情，以情感人的目的。在曹操的时代，他就已经能够按照抒情诗的特殊规律来取得预期的社会效果，这一创作经验显然是值得借鉴的。

曹操的游仙诗，其题旨主要是对人生短促的感慨和对超越死亡的憧憬。总的来说，所表现的是他对生命的执着和留恋。

总起来看，曹操诗歌在艺术风格上朴实无华、不尚藻饰，以感情深挚、气韵沉雄取胜。在诗歌情调上，则以慷慨悲凉为特色。慷慨悲凉，这本来是建安文学的共同基调，不过在曹操的诗中，表现得最为典型，最为突出。

在诗歌体裁上，曹操的乐府诗并不照搬汉乐府成规，而是有所发展。如《薤露行》《蒿里行》，在汉乐府中都是挽歌，他却运用旧题抒写了全新的内容。曹操开创了以乐府写时事的传统，影响深远。建安作

■ 曹操读书铜像

建安文学开创者"三曹"

家以及从南北朝直到唐代的许多诗人，他们拟作的大量乐府诗，都可以说是这一传统的继承和发扬。

事实上，建安时期的主要作家，无不同曹操有密切关系。曹丕、曹植是他的儿子，"建安七子"及蔡文姬等，也都托庇于曹操的荫护。可以说，"邺下文人集团"就是在曹操提供的物质条件基础上形成的，而他们的创作，也是在曹操的倡导影响下进行的。

阅读链接

曹操讨伐张绣的时候，天气十分炎热，加上在山道上行走，行军速度慢下来。曹操心里很着急。他悄悄问向导：这附近可有水源？

向导摇头说："泉水在山谷的那一边，要过去还有很远的路程。"

曹操感到时间来不及。他看着树林，沉思起来，脑筋一转，办法来了，赶到队伍前面指着前方说："前面有一大片梅林，梅子又大又好吃，我们快点赶到梅林！"

士兵一听，仿佛梅子已经吃到嘴里，清洌甘甜，精神大振，步伐加快了许多。这就是"望梅止渴"典故的由来。

隐居的田园诗人陶渊明

陶渊明（约376年—427年），字元亮，自号"五柳先生"，晚年更名"潜"，卒后友人私谥"靖节"，世称靖节先生。生于东晋时浔阳柴桑，即今江西省九江市。东晋末期南朝宋初期伟大的诗人、辞赋家和散文家。

田园生活是他进行文学创作的主要题材，相关作品有《归去来兮辞》《归园田居》及《桃花源记》等。诗文作品深受后世文人骚客推崇。

■ 田园诗人鼻祖陶渊明画像

陶渊明出生于一个没落的仕宦之家。曾祖陶侃是东晋开国元勋，祖父做过太守，父亲早死，母亲是东晋名士孟嘉的女儿。由于父亲早死，陶渊明从少年时代就处于生活贫困之中。

■ 《归去来兮辞》画作

他从29岁开始奔波仕途，曾几次出仕，但他与世俗是那样格格不入，在混迹于官场时，总充满悔恨的心情。于是，与官场永诀，以躬耕终老。

陶渊明在归田后的20多年间，是他在创作上最丰富的时期。他的性情与田园的自然契合，使其所作诗篇大放异彩。

在陶渊明的所有关于田园生活的作品中，《归去来兮辞》《归园田居》及《桃花源记》是最为著名的。这些诗文，集中地反映了陶渊明的思想价值和艺术成就。

《归去来兮辞》是陶渊明的一篇散文，代表了山

仕宦 即给皇帝当仆人，做官的意思。古代文人对当官的一种谦虚称法。如"学而优则仕"等。也指官员。在文学作品中，常常被引申为仕途，即官场。

水田园诗派的最高成就。

034

诗神巨星

天才诗人与妙笔华篇

　　归去来兮！田园将芜胡不归？既自以心为形役，奚惆怅而独悲？悟已往之不谏，知来者之可追。实迷途其未远，觉今是而昨非。舟遥遥以轻飏，风飘飘而吹衣。问征夫以前路，恨晨光之熹微。

　　乃瞻衡宇，载欣载奔。僮仆欢迎，稚子候门。三径就荒，松菊犹存。携幼入室，有酒盈樽。引壶觞以自酌，眄庭柯以怡颜。倚南窗以寄傲，审容膝之易安。园日涉以成趣，门虽设而常关。策扶老以流憩，时矫首而遐观。云无心以出岫，鸟倦飞而知还。景翳翳以将入，抚孤松而盘桓……

■ 有关陶渊明故事的水墨画

《归去来兮辞》通过对田园生活的赞美，抒写作

■ 欧阳修（1007年—1072年），字永叔，号醉翁，晚年又号"六一居士"；因谥号"文忠"，世称欧阳文忠公。北宋卓越的政治家、文学家、史学家。北宋古文运动的代表。"唐宋八大家"之一。后人将其与韩愈、柳宗元和苏轼合称"千古文章四大家"。作品有《醉翁亭记》和《秋声赋》等。

者脱离官场的无限喜悦、归隐田园的无限乐趣，表达了对大自然和隐居生活的向往和热爱。

描写与抒情、议论相结合，时而写景，时而抒情，有景，有情，有理，有趣；寓情于景，情真意切，富有情趣；文字洗练，笔调清新，音节谐美，富于音乐美，结构严谨周密。

欧阳修对《归去来兮辞》推崇备至，他认为，本文虽然采用了楚辞的体式，但作者却能不受楚辞中怨愤、悲伤情调的影响，而表现出一种淡远潇洒的独特风格。

《归园田居》一共5首，描写了诗人归隐后的生活和感受，抒发了作者辞官归隐后的愉快心情和乡居乐趣，从而表现了他对田园生活的热爱，表现出劳动者的喜悦。

同时又隐含了他对官场黑暗腐败生活的厌恶之感，表现了作者不愿同流合污，为保持完整的人格和高尚的情操而甘愿忍受田园生活的艰辛和困苦。

在诗人的笔下，田园是与浊流纵横的官场相对立的理想洞天，寻常的农家景象无不表现出迷人的诗情画意。作者其实写的归园田居是自己理想的故居。

全诗以抒情为基调，兼有农村景物的描绘，且以"羁鸟""池鱼"自喻，充分表现了诗人热爱自由淳朴的乡村生活、蔑视丑恶的官场生活的情怀。

情景交融，语言朴实无华，对仗亦十分自然，读者不仅能从诗中看到乡村的田园、房舍、榆柳、桃李、听到狗吠和鸡啼，而且能看到一位洒脱诗人对着这宁静的田园景物，在吟唱"久在樊笼里，复得返自然"的心声。

《桃花源记》不是诗，而是一篇美文，是陶渊明田园作品的代表作之一：

> 晋太元中，武陵人捕鱼为业。缘溪行，忘路之远近。忽逢桃花林，夹岸数百步，中无杂树，芳草鲜美，落英缤纷。渔人甚异之。复前行，欲穷其林。
>
> 林尽水源，便得一山，山有小口，仿佛若有光。便舍船，从口入。初极狭，才通人。复行数十步，豁然开朗。土地平旷，屋舍俨然，有良田美池桑竹之属。阡陌交通，鸡犬相闻。其中往来种作，男女衣着，悉如外人。黄发垂髫并怡然自乐。

见渔人，乃大惊，问所从来。具答之。便要还家，设酒杀鸡作食。村中闻有此人，咸来问讯。自云先世避秦时乱，率妻子邑人来此绝境，不复出焉，遂与外人间隔。问今是何世，乃不知有汉，无论魏晋。此人一一为具言，所闻皆叹惋。余人各复延至其家，皆出酒食。停数日，辞去。此中人语云："不足为外人道也。"

既出，得其船，便扶向路，处处志之。及郡下，诣太守，说如此。太守即遣人随其往，寻向所志，遂迷不复得路。

南阳刘子骥，高尚士也，闻之，欣然亲往。未果，寻病终。后遂无问津者。

《桃花源记》艺术构思精巧，借武陵渔人行踪这一线索，把现实和理想境界联系起来。采用虚写、实写相结合手法，也是本篇一个特点。"桃花源"是个虚构的理想社会，是黑暗社会的鲜明对照，是作者及广大劳动人民所向往的一种理想社会，它体现了人们的追求与向

《桃花源记》画作

往，反映出人们对现实的不满与反抗，具有一定的积极意义。

"桃花源"真正的价值在于当初是陶渊明心灵酿出的一杯美酒，而今天也应该是我们心灵和精神当中的一种寄托所在。

对陶渊明的诗文，尤其是他的田园诗，李白、杜甫、白居易、苏轼、陆游等大诗人都曾高度评价。元朝、明朝和清朝，直至现代，沿袭了前人对陶渊明的崇高评价。

清代国学大师王国维在《文学小言》中说：

三代以下之诗人，无过于屈子、渊明、子美、子瞻者。
此四子者若无文学之天才，其人格亦自足千古。

陶渊明的诗文，重在抒情和言志。他的语言，看似质朴，实则奇丽。在平淡醇美的诗句中，蕴含着炽热的感情和浓郁的生活气息。他的不朽诗文和伟大人品，影响了后世文人的思想和创作，他为我国田园诗歌的发展和繁荣，做出了不可估量的贡献。

阅读链接

陶渊明做彭泽县令时，有一天，郡里派了一名督邮到彭泽视察。陶渊明正在他的内室里作诗，一听小吏报说督邮来了，十分扫兴，只好勉强放下诗卷去见督邮。

小吏见他身上穿的还是便服，就提醒他换件衣服再去。陶渊明向来看不惯那些倚官仗势、作威作福的督邮，一听小吏说还要穿起官服行拜见礼，更受不了这种屈辱。

他叹了口气说："我可不愿为了这五斗米官俸，去向那号小人打躬作揖！"说着，他也不去见督邮，索性辞职不干回老家了。

山水诗派开创者谢灵运

　　谢灵运（385年—433年），原名谢公义。人称谢客、谢康公、谢康乐。生于南北朝时期会稽始宁，即今浙江省绍兴市上虞区谢塘镇。南北朝时期山水诗人、文学家。他主要创作活动在刘宋时代，中国文学史上山水诗派的开创者。主要成就在于山水诗。由灵运始，山水诗乃成中国文学史上的一大流派。诗与颜延之齐名，并称"颜谢"。

　　他的代表作品为《谢康乐集》。谢灵运的诗意境新奇，辞章绚丽，影响深远。因此，他被后世誉称为中国山水诗鼻祖。

■ 山水诗派的开创者谢灵运画像

■ 宋文帝（407年—453年），名刘义隆，小字车儿。宋武帝刘裕第三子，我国南北朝时期宋朝的第三位皇帝。在位30年，年号"元嘉"，谥号"文皇帝"，庙号太祖。他继承刘裕北伐的政策，出兵征讨河南，424年至453年，是东晋南北朝国力最为强盛的历史时期，史称"元嘉之治"。

谢灵运出身江南士族陈郡谢氏，祖父谢玄为东晋将领，是"淝水之战"的英雄。谢灵运幼年就很颖悟，父亲谢瑍却不太聪明，祖父谢玄奇怪地说："我乃生瑍，瑍哪得生灵运！"

谢灵运在政治上屡有沉浮，因此愤愤萦怀，于是他寄情山水。他的诗一传出来，人们就竞相抄录，流传很广。宋文帝很赏识他的文学才能，特地将他召回京都任职，并把他的诗作和书法称为"二宝"，常常要他边侍宴，边写诗作文。

谢灵运以山水为主要描写对象，用精致工整的语言刻画山水的秀美，创造出了真正的山水诗。

谢灵运运用声色的描绘，拟人的修辞，多而熟练地化用古代典籍中的语言，写景过程中主客观之间的自然转移及整体上的交融，使他的山水诗取得了极高的艺术成就。

谢灵运对自然景物的观察与体验十分细致，刻画也相当精妙。如在作品《入彭蠡湖口》中，描摹动态的"回合""崩奔"、月下哀猿的悲鸣之声、"绿野秀"与"白云屯"那鲜丽的色彩搭配，无不给人以深刻的印象。

谢灵运的山水诗中拟人的手法得到了广泛的应用，如《石壁精舍还湖中作》："昏旦变气候，山水

淝水之战 发生于383年，前秦出兵伐晋，于淝水交战，最终东晋仅以8万军力大胜80余万前秦军。使淝水之战成为以少胜多的著名战例，载入军事史，对后世兵家的战争观念和决战思想产生着久远影响。

山水诗 是指描写山水风景的诗。虽然诗中不一定纯写山水，亦可有其他的辅助内容，但是呈现耳目所及的山水状貌声色之美，则必须为诗人创作的主要目的。由谢灵运开创，脱胎于玄言诗。中国绍兴是山水诗的发祥地。

合清晖。清晖能娱人，游子憺忘归。"本是写人的主观感受，但是诗人那平淡的笔调中表现出那么亲切的感情，以至无知无觉的山水仿佛也有了生命、有了感情，与诗人成了一对心神相契的至友。

　　谢灵运的山水诗清新的语言风格主要体现于汲取了经、史、子、集入诗。如"渔钓易为曲"是借用了《老子》中"枉则直，曲则全"的意思，实际上隐含了委曲求全的处世之道；"交交止桑黄，呦呦食苹鹿"一句，则取之于《小雅·黄鸟》"黄鸟黄鸟，无集于桑"和《小雅·鹿鸣》"呦呦鹿鸣，食野之苹"的句子。联系到这些诗篇以后，有"谁从穆公""此邦之人，小可与处""吹笙鼓簧，承筐是将"等句子，我们可以推测，诗人是想起了自己的仕途坎坷。

　　由于谢灵运的诗风朴实，全无淫靡之气，且他的山水诗篇消灭了两晋以来盛极一时的游仙文学，初步打破了玄言诗风，具有一定的进步意义。

　　从整体来看，谢灵运的山水诗具有鲜明而强烈的个人色彩，读他的诗我们总能感觉到一个大写的"我"字。这就是说，在他的山水诗中，有一种强烈的自我意识存在。类似"平生协幽期，沦跻网微弱"的诗句，虽然在感情上没有欧阳修"泪眼问花花不语，乱红飞过秋千去"那样强

拟人 修辞方式之一。把事物人格化，把本来不具备人的一些动作和感情的事物变成和人一样的。即赋予事物以人类的行为特点，生动形象地表达出作者的情感，让读者感到所描写的物体显得更活泼、更亲近，使文章更加生动形象。就像童话里的动物、植物能说话，能大笑。

■ 谢灵运和僧人观莲图

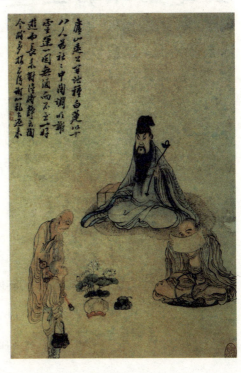

烈，但我们仍可以看到诗人个人的感情在诗中表达。

在登临山水的时候，诗人总是要时不时地跳出来，抒发一下自己抑郁的情感和哲理上的感悟。

当谢灵运的笔墨具体到写景的层面，态度马上就客观起来，于是一系列写实而不带作者个人感情色彩的优美的山水诗句就从诗人的笔下倾巢而出。

因此，从局部写景的句子来看，谢灵运的诗作更具有客观写实的风致。

谢灵运的山水诗在结构上呈现出较固定的写作模式，即叙事、写景、说理。这可以看作是山水诗作中的"谢灵运定式"。他的诗文大都是一半写景，一半谈玄，仍带有玄言诗的尾巴。

谢灵运对蕴存于山水云林中的自然美观察十分细致，一草一木经过他的艺术渲染就形成了优美的意境；他常常把自己对自然的一往情深和被山水神秀触发的哲思，都融汇在景物描写之中，从而使其山水诗带上了强烈的主观色彩，富有鲜明个性。明丽清新的艺术风格，常常营造出或幽秀清空，或高华豪岩的意境。

谢灵运的山水诗充满道法自然的精神，贯穿着一种清新自然恬静之韵味，一改魏晋以来晦涩的玄言诗之风，打破了东晋玄言诗占统治地位的局面。

诗神巨星

天才诗人与妙笔华篇

■ 谢灵运书法

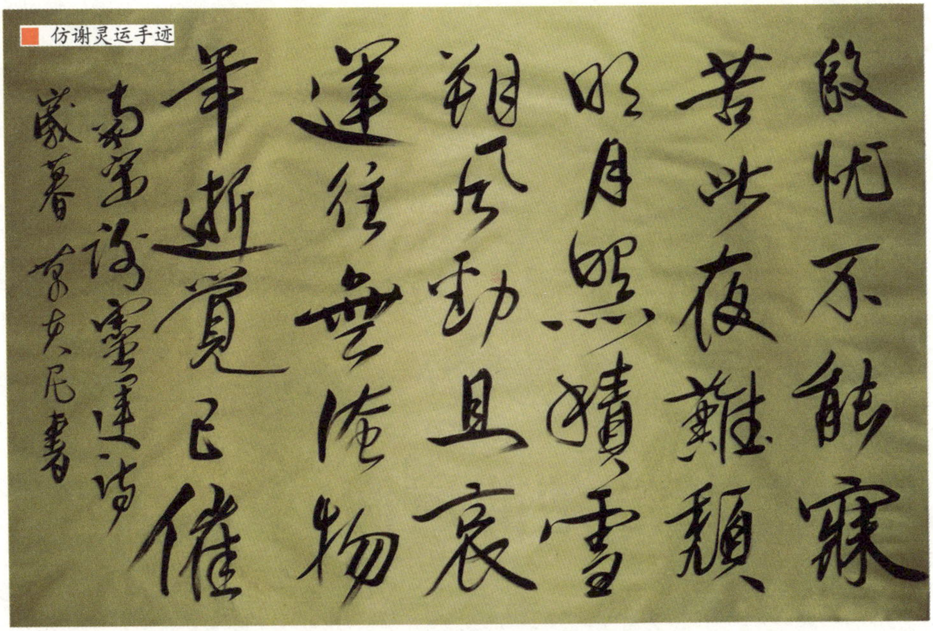

仿谢灵运手迹

　　其山水诗极大地丰富和开拓了诗的境界，并使山水诗从玄言诗中独立了出来，进而扭转了东晋以来的玄言诗风，确立了山水诗在中国文学史上的地位。他以讽咏大自然景物、山水风景著称，开创了"山水派"的诗歌创作道路，为山水诗的进一步发展做出了巨大贡献。

阅读链接

　　传说谢灵运做太守游雁荡山筋竹涧时，山下的一位财主一心要巴结他。谢灵运讨厌阿谀奉承的人，就径自翻山越岭而去。财主便尾随其后。走到一块岩石上，谢灵运不小心蹭坏了木屐齿。

　　不一会儿，财主拎着木屐赶来说道："太守，您怎么把木屐忘了。"

　　灵运厌烦地说："无齿的东西，要它何用？"

　　"无齿"与"无耻"同音，财主顿时羞怯满面通红。

　　后人为了纪念太守，就把他翻越的山岭叫作"谢公岭"，并在他当年掉木屐的山坡上建起"落屐亭"。

隋代诗坛翘楚薛道衡

薛道衡（540年—609年），字玄卿，生于隋代时河东汾阴，即山西省万荣。他的祖父薛聪是西魏齐州刺史，父亲薛孝通，任常山太守。隋代诗人。一生中创作并发表了很多作品，脍炙人口，在隋代诗人中艺术成就最高。从唐代官修正史的代表作《隋书》中可略窥这位隋代大文豪的风采，书中说："道衡每有新作，南人无不吟诵焉。"

他和卢思道齐名，今存《薛司隶集》1卷，《先秦汉魏晋南北朝诗》录存其诗20余首，《全上古三代秦汉三国六朝文》录存其文 8篇。

■ 隋代诗人薛道衡画像

■ 隋文帝杨坚（541年—604年），鲜卑赐姓是普六茹，小名那罗延。隋朝开国皇帝，在位23年。谥号"文皇帝"，庙号高祖，尊号"圣人可汗"。在位期间形成"开皇之治"，使得我国成为盛世之国。隋文帝时期也是人类历史上农耕文明的巅峰时期。

薛道衡出身官僚家庭，6岁时父母双亡，成为孤儿。但他专精好学，13岁时，读《春秋左氏传》，有感于子产相郑之功，作《国侨赞》一篇，辞藻华美，世时人称为奇才，由此凭借出色的文才而闻名天下。

北齐时，薛道衡待诏文林馆，兼主客郎，负责接待、应对北周及陈的使者，与当时文坛才子卢思道等交往甚密。

隋文帝杨坚鞭戈所向，一统大江南北，结束了我国历史自汉代至隋朝四百年的分裂混乱。然而，弥漫南北朝的浮艳绮靡文风，却依旧遗韵袅袅，难以一朝廓清。尽管风气如此，薛道衡的诗，却以一种难得的刚健清新展现于世，在隋代诗人中取得了极高的艺术成就。

薛道衡作为隋代朝廷器重的大手笔，他深得隋文帝赏识。588年，薛道衡被隋文帝任命为淮南道行台吏部郎，他对当时的局势分析得极有见地，是一个有政治才能的人。

薛道衡在淮南期间写的一首小诗《春日思归》曰：

入春才七日，离家已二年。
人归落雁后，思发在花前。

表述了北雁春归，自己流落南方的殷殷思乡情。据说，在他写出前两句时，陈国的文人嗤笑不已，认为平淡无奇。而等看到后两句时，禁不住啧啧称赞，高兴地说："到底是大诗人，果然名不虚传。"于是，连向来看不起北人诗文的江东文人学士，也争相传诵。

在当时，薛道衡的名声大振，一时无双，隋代名臣如高颖、杨素等，都很敬重他，连皇太子及诸王都争相和他结交，引以为荣。这对薛道衡来说本来应该是值得荣耀的事，然而，他却因此得罪了晋王杨广，从此，杨广对薛道衡就怀恨在心。

杨广是个极其自负的人，他夺取了帝位，这就是隋炀帝，他专横独裁。薛道衡因劝诫隋炀帝不要学周幽王，致使隋炀帝起了杀心，最后逼令他自尽。

一方面，隋炀帝杀薛道衡固然是嫉妒其才，是他丑恶的内心世界的大暴露，但另一方面，也说明薛道衡在当时确实是诗才出众。

■ 隋炀帝画像

在我国诗界，一般公认薛道衡是隋代资历最深、名望最高的诗人。而最能够体现这一地位的，是他那篇描写思妇孤独寂寥心绪，颇有名气的代表作《昔昔盐》。《昔昔盐》是隋、唐乐府题名。明代杨慎认为就是梁代乐府《夜夜曲》。

《昔昔盐》：

垂柳覆金堤，蘼芜叶复齐。水溢芙蓉沼，

花飞桃李蹊。采桑秦氏女，织锦窦家妻。关山别荡子，风月
守空闺。恒敛千金笑，长垂双玉啼。盘龙随镜隐，彩凤逐帷
低。飞魂同夜鹊，倦寝忆晨鸡。暗牖悬蛛网，空梁落燕泥。
前年过代北，今岁往辽西。一去无消息，哪能惜马蹄？

这首诗同其闺怨诗一样，并无多少新意，但"暗牖悬蛛网，空梁
落燕泥"是当时传诵的名句。牖暗，梁空，蛛网悬挂，燕泥落下，在
工整的对偶和确切、形象的语言运用中，把门庭冷落的情况以及思妇
极端凄凉悲苦的心情完全表现出来。全诗结构完整，词语绮丽，通篇
对仗，一韵到底。

薛道衡的诗和他在隋代文坛的地位，对后世产生了深刻影响，奠
定了初唐格调，成为"初唐四杰"的前驱。

阅读链接

薛道衡从少时就是一个用心于文章字句的人，所作的诗有
一种边地的悲怆情调，而又弥漫着一股粗犷壮大之气。但遗憾
的是，这样一位才子，却生活在隋炀帝的统治之下，隋炀帝是
个内心狭隘的人，根本容不下薛道衡。

民间传说隋炀帝妒忌薛道衡的诗才，便找了一个借口害死
他。在大业五年，薛道衡将要被处死时，隋炀帝问他："你还
能写'空梁落燕泥'这样的诗句吗？"

由于隋炀帝嫉妒薛道衡的诗才而特别提出这句诗，因而使
之传为名句。

初唐四杰之首王勃

王勃（649年—675年），字子安。生于唐代时绛州龙门，即今山西省河津。唐代著名的诗人、文学家。与杨炯、卢照邻、骆宾王以文词齐名，为"初唐四杰"之首。

王勃虽然只活了26个春秋，但著述仍很多，其诗意境较高，初步突破了宫体诗束缚。又长于骈文，《滕王阁序》尤为著名。有《王子安集》。代表作《檄英王鸡》《滕王阁序》《送杜少府之任蜀州》。

■ "初唐四杰"之冠王勃塑像

王勃从小就注重经世致用之学，9岁读颜师古注《汉书》，就写了《指瑕》10卷，即指出颜师古所注《汉书》的错误，表现出了他非凡的敏悟才能和深厚的文学基础，被人们誉为罕见的"神童"。

未满20岁就高中及第，授朝散郎之职，真可谓春风得意，光耀一时。不久，沛王李贤招王勃撰写《平台秘略》。《平台秘略》基本上以儒家思想为核心，作为皇子阅读修养所用的。

在王勃所有的作品中，最出名的当属《滕王阁序》。675年春，王勃南下赴交趾探望父亲路过江西，参加了洪州都督阎某为重修滕王阁而举办的宴会。在这次盛会上，王勃即席作骈文一篇，写下了流传千古的名作《滕王阁序》。

有人认为《滕王阁序》是骈文名篇。但从诗歌史上看，王勃生活的年代，诗歌与骈文并没有确定的界限，有些诗写得像骈文也不奇怪，只是现在在称呼上骈文是不包括诗歌的。不过这都不重要了，《滕王阁序》极高的艺术成就，并不取决于它是什么文体。

《滕王阁序》全称《秋日登洪府滕王阁饯别序》，亦名《滕王阁诗序》：

　　豫章故郡，洪都新府。星分翼轸，地接衡庐。襟三江而带五湖，控蛮荆而引瓯越。物华天宝，龙光射牛斗之墟；人杰地灵，徐孺下陈蕃之榻。

雄州雾列，俊彩星驰。台隍枕夷夏之交，宾主尽东南之美。都督阎公之雅望，棨戟遥临；宇文新州之懿范，襜帷暂驻。十旬休暇，胜友如云。

千里逢迎，高朋满座。腾蛟起凤，孟学士之词宗；紫电青霜，王将军之武库。家君作宰，路出名区。童子何知？躬逢胜饯。

时维九月，序属三秋。潦水尽而寒潭清，烟光凝而暮山紫。俨骖騑于上路，访风景于崇阿。临帝子之长洲，得仙人之旧馆。层峦耸翠，上出重霄；飞阁流丹，下临无地。鹤汀凫渚，穷岛屿之萦回；桂殿兰宫，列冈峦之体势。

披绣闼，俯雕甍。山原旷其盈视，川泽纡其骇瞩。闾阎扑地，钟鸣鼎食之家；舸舰迷津，青雀黄龙之舳。虹销雨霁，彩彻区明。落霞与孤鹜齐飞，秋水共长天一色。渔舟唱晚，响穷彭蠡之滨；雁阵惊寒，声断衡阳之浦。

滕王阁

遥吟甫畅，逸兴遄飞。爽籁发而清风生，纤歌凝而白云遏。睢园绿竹，气凌彭泽之樽；邺水朱华，光照临川之笔。四美具，二难并。穷睇眄于中天，极娱游于暇日。天高地迥，觉宇宙之无穷；兴尽悲来，识盈虚之有数。望长安于日下，指吴会于云间。地势极而南溟深，天柱高而北辰远。关山难越，谁悲失路之人；萍水相逢，尽是他乡之客。怀帝阍而不见，奉宣室以何年？

呜乎！时运不齐，命途多舛。冯唐易老，李广难封。屈贾谊于长沙，非无圣主；窜梁鸿于海曲，岂乏明时？所赖君子安贫，达人知命。老当益壮，宁知白首之心；穷且益坚，不坠青云之志。酌贪泉而觉爽，处涸辙而犹欢。北海虽赊，扶摇可接；东隅已逝，桑榆非晚。孟尝高洁，空怀报国之心；阮籍猖狂，岂效穷途之哭？

勃三尺微命，一介书生。无路请缨，等

■ 滕王阁题词

骈文 也称"骈体文""骈俪文"或"骈偶文"；又因其常用四字、六字句，故也称"四六文"或"骈四俪六"。全篇以双句为主，竭力讲究对仗的工整和声律的铿锵。盛行于隋唐时期。

宫体诗 是指以南朝梁简文帝萧纲为太子时的东宫，以及陈后主、隋炀帝等几个宫廷为中心的诗歌。其内容多是宫廷生活及男女私情，形式上则追求辞藻靡丽，时称为"宫体"。后来就称这种艳情诗为宫体诗。

终军之弱冠；有怀投笔，慕宗悫之长风。舍簪笏于百龄，奉晨昏于万里。非谢家之宝树，接孟氏之芳邻。他日趋庭，叨陪鲤对；今晨捧袂，喜托龙门。杨意不逢，抚凌云而自惜；锺期既遇，奏流水以何惭？

呜呼！胜地不常，盛筵难再。兰亭已矣，梓泽丘墟。临别赠言，幸承恩于伟饯；登高作赋，是所望于群公！敢竭鄙诚，恭疏短引。一言均赋，四韵俱成。请洒潘江，各倾陆海云尔。

滕王高阁临江渚，佩玉鸣鸾罢歌舞。画栋朝飞南浦云，珠帘暮卷西山雨。闲云潭影日悠悠，物换星移几度秋。阁中帝子今何在？槛外长江空自流！

全文运思谋篇，都紧扣这个题目。文章开篇历叙洪都，今南昌雄伟的地势、游玩的时间、珍异的物产、杰出的人才以及尊贵的宾客，紧扣题中"洪府" 2 字来写。

《滕王阁序》的主题思想在于记叙都督阎伯屿为饯别宇文刺史而

■滕王阁周围的亭榭

举行的盛大宴会，并抒发作者自己远大的政治抱负及怀才不遇之情，委婉曲折地表达了作者对所谓的"圣君""明时"的不满情绪。

文中虽含有宿命悲观的思想，但感情基调仍是健康的。作者表明自己的坚定态度：尽管自己时运不齐、命途多舛，但仍要老当益壮，穷且益坚，胸怀青云之志。

《滕王阁序》的写景颇有特色，作者精心勾画，苦苦经营，运用灵活多变的手法描写山水，体现了一定的美学特征：

一是色彩变化。文章不惜笔墨，浓墨重彩，极写景物的色彩变化。如"紫电青霜"中的"紫电"，"飞阁流丹"中的"流丹"，"层峦耸翠"中的"耸翠"，"青雀黄龙之轴"中的"青雀""黄龙"无不色彩缤纷，摇曳生辉。

二是远近变化。作者采用恰当的方法，犹如电影的拍摄技术，由近及远，构成一幅富有层次感和纵深感的全景图。这种写法，是《滕王阁序》写景的最突

■ 滕王阁前的香炉

沛王李贤 名贤，字明允，唐高宗李治第六子，武则天第二子。李贤在胞兄李弘死后即立为皇太子，后因谋逆罪被废为庶人，流放巴州。后被逼自尽。

阎伯屿 湖广麻城县人，即现在的湖北麻城市，唐代人，曾任洪州都督，也曾出任袁州、惠化等地方官吏。位于赣江边上的滕王阁最初由唐高祖李渊最小的儿子，即第二十二个儿子滕王李元婴在653年所建，并以李元婴的封号作为阁名，所以叫滕王阁。

出特点，体现了作者立体化的审美观，把读者带进了如诗如画的江南胜境，读者和景物融为一体，人在景中，景中有人。

三是虚实相衬。"渔舟唱晚"4句，即凭借听觉联想，用虚实手法传达远方的景观，使读者开阔眼界，视通万里。实写虚写，相互谐调，相互映衬，极尽铺叙写景之能事。

总之，本文的写景颇具匠心，字字珠玑，句句生辉，章章华彩，使人读完后犹如身临江南水乡，韩愈称赞说："江南多临观之类，而滕王阁独为第一。"

《滕王阁序》突破六朝骈文的旧格局，带有新气象。尽管文章在形式上沿用六朝的骈体，却没有六朝骈文喜好堆砌辞藻的弊病。

文中辞藻虽然华丽，但不晦涩，而且某些别出心裁的佳句长期为人传诵，如"落霞与孤鹜齐飞，秋水共长天一色"，从庾信的"落花与芝盖同飞，杨柳共春旗一色"化出，却青胜于蓝。

文中典故不仅用得恰当，而且善于将古代事典中传诵的美谈与眼前的情景巧妙地结合起来，如"腾蛟起凤，孟学士之词宗；紫电青霜，王将军之武库""睢园绿竹，气凌彭泽之樽；邺水

诗神巨星

天才诗人与妙笔华篇

■ 滕王阁副楼

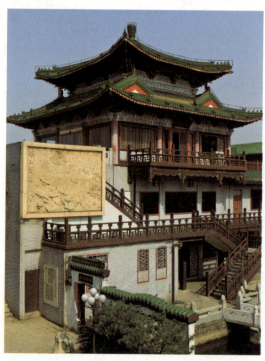

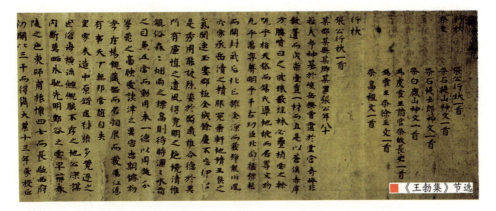

朱华，光照临川之笔"等。

总之，《滕王阁序》这篇名作，内容充实，文辞华美，气势奔放，音调铿锵，具有雍容华贵的特征。

写完了这篇序后，王勃继续赶路，在广州渡海时，王勃落入大海中，溺水而死。年仅26岁，一代才子，英年早逝，引起后人深深的追思和同情。

王勃的诗对后世诗人颇有影响，像"海内存知己，天涯若比邻"等名篇佳句都是公认的唐诗极品，而"落霞与孤鹜齐飞，秋水共长天一色"更是千古绝唱。杜甫赞赏他的诗文是"不废江河万古流"。

阅读链接

传说王勃一气呵成写成《滕王阁序》后，在序诗中的最后一句少了一个字，即"槛外长江□自流。"然后将序文呈上就上马走了。在座的人看到后，有人猜是"水"字，有人猜是"独"字，莫衷一是，只好派人去追回王勃，请他补上。

王勃对来人故作惊讶地说："那里是个'空'字呀！'槛外长江空自流'嘛！"

来人细细品味，才连称："绝妙！奇才！"写作，实在是一件有趣的事！王勃把玩文字的快意，成为千古流传的美谈。

五言律体诗大家杨炯

　　杨炯（650年—692年），生于唐代时弘农华阴，今属陕西省。因任盈川县令，后人称他为"杨盈川"。唐代诗人。与王勃、卢照邻、骆宾王并称"初唐四杰"。

　　杨炯与王勃、卢照邻共同反对宫体诗风，主张"骨气""刚健"的文风，并以五言律体诗成就最为突出，在诗歌的发展史上起到了承前启后的作用。

　　杨炯的诗篇不多，他所写的《从军行》《出塞》《战城南》《紫骝马》等几首边塞诗，均表现了为国立功的战斗精神，气势轩昂，风格豪放。他的代表作品是《杨盈川集》。

杨炯画像

■ 张说（667年—730年），字道济，一字说之。原籍范阳，即今河北省涿县。唐代文学家，诗人，政治家。曾在边防上有所建树。他的代表作有《岳州山城》《与赵冬曦君懋子均登南楼》等。

　　杨炯于11岁时被誉为神童，16岁应科举及第。补校书郎，累迁詹事司直、司法参军、盈川令等。作为诗人，杨炯对海内所称"王、杨、卢、骆"，自谓"愧在卢前，耻居王后"，当时许多评论者也多这样认为。张说曾经这样说："杨盈川文思如悬河注水，酌之不竭，既优于卢，亦不减王。"

　　杨炯文学才华出众，善写散文，尤擅诗。在艺术上，对仗工整，音韵合律，既有律诗的严谨之风，又有乐府诗的明快特色。

　　杨炯的边塞诗充满了强烈的战斗精神，但其他唱和、纪游的诗篇则无甚特色，且未尽脱绮艳之风；另存赋、序、表、碑、铭、志、状等50篇。今存诗33首，五律居多。杨炯所作边塞诗如《从军行》《出塞》《战城南》《紫骝马》等，表现了为国立功的战斗精神，气势轩昂，风格豪放。其中，《从军行》代表了杨炯的边塞诗风格。《从军行》：

　　　　　　烽火照西京，心中自不平。
　　　　　　牙璋辞凤阙，铁骑绕龙城。
　　　　　　雪暗凋旗画，风多杂鼓声。
　　　　　　宁为百夫长，胜作一书生。

　　这首诗借用乐府旧题"从军行"，描写一个读书士子从军边塞、参加战斗的全过程。全诗仅仅40个字，既揭示出人物的心理活动，又

律诗 是我国近体诗的一种，格律的要求非常严格。常见的类型有五律、七律和排律3种。律诗发源于南朝齐永明时，沈约等讲究声律、对偶的新体诗，至初唐就开始出现广义五律。律诗要求诗句字数整齐划一，每首分别为五言、七言，简称五律、七律。

渲染了环境气氛，笔力极其雄劲。

这首短诗，写出书生投笔从戎，出塞参战的全过程。能把如此丰富的内容，浓缩在有限的篇幅里，可见诗人的艺术功力。

"初唐四杰"很不满当时纤丽绮靡的诗风，他们曾在诗歌的内容和形式上作过颇有成效的开拓和创新，杨炯此诗的风格就很雄浑刚健，慷慨激昂。尤其是这样一首描写金鼓杀伐之事的诗篇，却用具有严格规矩的律诗形式来写，很不简单。

律诗一般只要求中间两联对仗，这首诗除第一联外，三联皆对。不仅句与句对，而且同一句中也对，如"牙璋"对"凤阙"，"铁骑"对"龙城"。整齐的对仗，使诗更有节奏和气势，这在诗风绮靡的初唐诗坛上是很难能可贵的。很多研究者认为，此诗是唐诗的一个亮点。

作为唐诗开创时期的诗人，杨炯的诗在格律上更趋严整，在奠定五言律体的体制、改造齐梁诗方面，杨炯无疑起了开路先锋的作用。

■ 杨炯作品集

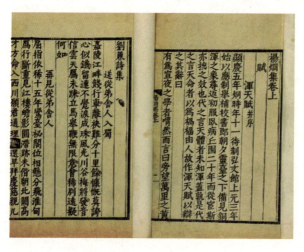

事实上，这一结论不难找到有力的证据。现存《杨盈川集》中诗体比例的数字五言律占到一半以上就说明了这个问题。同时，既然称为律诗，那必然要求其高度的格律化。

■ 初唐四杰中的杨炯、王勃和骆宾王雕像

　　杨炯所作如《从军行》的格律是多么谨严，对仗是多么工稳，诗采是多么精美，音调多么铿锵！由此可见，杨炯的五言律体成就最为突出。杨炯与王勃、卢照邻共同反对宫体诗风，主张"骨气""刚健"的文风。杨炯的诗也如"四杰"其他诗一样，在内容和艺术风格上以突破齐梁"宫体"诗风为特色，在诗歌的发展史上起到了承前启后的作用。

阅读链接

　　关于杨炯为官，《旧唐书》中称他"为政残酷"，《新唐书》称他"以严酷称"。这里面大概有3个背景：

　　一是武则天时代，严刑峻法，酷吏较多，有些酷吏后来因为治事狠酷，竟得到提拔重用。

　　二是他的一位堂叔叫杨德干，历任四州刺史，治有威名，这对于杨炯影响很大。

　　三是杨炯在仕途上经过几起几落，想必长期受到压抑，心态失衡，到了一定的自由空间内，就会不自觉地释放出来。据说他当盈川县令后堪比酷吏。可见，时位移人，不可不信。

七言古诗巨擘卢照邻

卢照邻（636年—689年），字升之，号幽忧子。生于唐时幽州范阳，即今河北省涿县。唐代诗人。在文学上，他与王勃、杨炯、骆宾王以文词齐名，世称"王杨卢骆"，号为"初唐四杰"。卢照邻墓位于河南省禹州市无梁镇龙门村尚家村的河溪西岸。

卢照邻工诗，尤其擅长七言歌行，对推动七古的发展有贡献。杨炯誉之为"人间才杰"。

卢照邻的代表作是七言古诗《长安古意》，诗笔纵横奔放，富丽而不浮艳，为初唐脍炙人口的名篇。"得成比目何辞死，愿作鸳鸯不羡仙。"成为千古名句。

■初唐四杰之一卢照邻雕塑

卢照邻小的时候非常聪明，学及经史，博学能文，后为邓王李裕所赏识，而获得了提升，一直做到了都尉。邓王府内有很多书籍，他读了很多，多有记忆。后来，因邓王谋反武则天，卢照邻受到株连而入狱，出狱后身染恶疾，患上了"风疾"，可能是麻痹症或麻疯病，因此不得不退职，名医孙思邈曾悉心为他调治。虽然他还试图做门客，但后来他的病越来越严重，双脚萎缩，一只手也残废了。

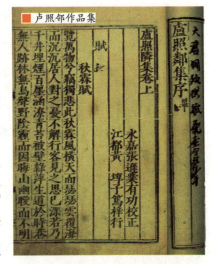

■ 卢照邻作品集

在病中，卢照邻仍然坚持写作诗文。据《新唐书》传载：卢照邻病重时，在嵩山的余脉具茨山下买了几十亩地来养老，并预建了一座坟墓，但终因"病既久，与亲属诀，自沉颍水"。

卢照邻染病以前，壮志凌云，才华横溢，重用一时，作品格调相对高昂，感情奔放。

染病以后，诗人为疾病折磨，痛不欲生，处境困危，诗歌境界幽寂，风格趋向悲凉、凄苦，这时的诗歌意象传递给人们孤独、凄清、寂寞、忧伤等信息，显示出诗人诗歌创作中意象运用的鲜明独特之处。

他满怀对疾病的恐惧、对生命的渴望，辗转多方求医问药，然竟久治无功，最终不堪其苦，绝望沉水，谱写了一曲人与疾病抗争的悲歌。

■ 孙思邈（581年—682年），唐代著名的医师与道士。作品有《千金方》《千金要方》等。是我国乃至世界史上伟大的医学家和药物学家，千余年来一直受到人们的高度评价和崇拜。被后人誉为"药王"，许多华人奉之为"医神"。

七古 古诗的一种。每篇句数不拘，每句七字。七言古体诗的省称从文学风貌论，七古的典型风格是端正浑厚、庄重典雅。但并非说七古就是纯七言的古诗，事实上，杂古也归为七古，如陈子昂的《登幽州台歌》，全篇无一句七言，但却归入七古。

卢照邻的行旅、赠答送别之作，如实地印下了诗人大半生辗转宦游的足迹，集中抒发了诗人坎廪失志、怀才不遇的悲愤之情。这类诗的突出特点是把人生际遇与江山景致交织在一起，形成了景中有情，景情交融的艺术境界。

卢照邻还写了部分思乡怀友，想念亲人，歌咏田园生活的诗篇，表现了他对乡土亲友的真挚感情以及对和平生活的热爱。

在诗歌形式上，卢照邻进行了探索和创新。他和骆宾王一起开创了初唐近体歌行，对五律、五言排律的创作也进行了探索和尝试。

卢照邻的诗在艺术表现上也取得了多方面的成就。首先，他的诗很讲究构思、章法，层次清晰，逻辑严密；其次，善于用典；再次，具有鲜明的节奏

■ 卢照邻纪念馆旁的石马

韵律感；再次，想象丰富，比喻贴切；最后，卢照邻诗歌的语言也有多方面的特色，或通俗晓畅，或典丽凝重，形成清峻的风格。

卢照邻最擅长的是七言古诗，对推动七古的发展有贡献。杨炯誉之为"人间才杰"。代表作有诗《长安古意》《行路难》等，赋《穷鱼赋》等。其中，《长安古意》是卢照邻的代表作，也是初唐七言古诗的代表作之一。

■ 卢照邻纪念石像

《长安古意》诗作纵横奔放，富丽而不浮艳，为初唐脍炙人口的名篇。自六朝以来，产生过不少以长安、洛阳为背景，描写豪门贵族、公子王孙、侠客倡优生活的作品。而在《长安古意》这首长篇中，诗人以铺陈的笔法，描绘当时京都长安的现实生活场景，流露出对美好生活的热爱和向往之情；写权贵阶层骄奢淫逸的生活及内部倾轧的情况，深寓讽喻之旨。

同时抒发了怀才不遇的寂寥之感和牢骚不平之气，也揭示了世事无常、荣华难久的生活哲理。

从艺术成就上看，《长安古意》七言古诗的写法近似于汉赋，对描写对象极力铺陈渲染，并且略带"劝百讽一"之意。

明代陆时雍《唐诗镜》说《长安古意》："端丽不乏风华，当在骆宾王《帝京篇》上。"

用典 亦称用事，凡诗文中引用过去之有关人、事、物之史实，或语言文字，以为比喻，而增加词句之含蓄与典雅者，即称"用典"。典故之种类可分为明典、暗典和翻典。明典是令人一望即知其用典。暗典于字面上看不出用典的痕迹，须详加体会。翻典即反用以前的典故，使其产生意外的效果。

李裕 唐废帝，唐昭宗李晔长子。898年11月，唐神策军中尉刘季述政变，软禁昭宗，太子李裕监国。宦官假传圣旨说昭宗已自称太上皇，并令皇太子即位。后宰相崔胤联合禁军打败刘季述，迎昭宗复位，李裕被废。

明代编写的《唐诗选脉会通评林》中说《长安古意》："通篇格局雄远，句法奇古，一结更绕神韵……是诗一篇刺体，曲折尽情，转诵间令人起惩时痛世之想。"

卢照邻画像

《长安古意》是卢照邻诗文中最被推重的作品，可以说它是唐初诗歌中一篇划时代的力作，以其思想的深刻蕴涵和艺术的高超绝伦散发出诗歌特有的内在魅力。可以说，卢照邻质量上乘的七言古诗创作要远胜于他的其他诗篇，而《长安古意》代表了他诗歌创作的成就。

阅读链接

卢照邻之死，从某种意义上说，对诗歌史的价值是无法估量的。卢照邻原本具有强烈的社会责任感，他铭记孔子的"邦有道则仕"，各地奔波，对功名孜孜以求。

然而，不幸的是他患了风疾，久治不愈，赢卧不起。到后来便开始学习道术，服食丹药，企求能够延年益寿，但又总是求仙而不得。

于是，这位大诗人最终选择了投颍水自杀。或许正是在苦闷的精神状态中，卢照邻敏感的心灵才会体味并记录下一些细微的感触，从而成就了他不朽的诗篇。

媲美卢照邻的骆宾王

骆宾王（约619年—684年），字观光，生于唐代婺州义乌人，即今浙江省义乌市。唐初诗人，他与王勃、杨炯、卢照邻合称"初唐四杰"，同时，他又与富嘉谟并称"富骆"。

骆宾王尤擅七言歌行，名作《帝京篇》为初唐罕有的长篇，当时以为绝唱。

《畴昔篇》《艳情代郭氏赠卢照邻》《代女道士王灵妃赠道士李荣》等也都具有时代意义，往往釜崎磊落的气息，驱使富艳瑰丽的词华，抒情叙事，间见杂出，形式非常灵活。

■ 初唐四杰之一骆宾王塑像

■ 武则天（624年—705年），字曌。并州文水人。我国历史上唯一正统女皇帝，在位15年。谥号"则天大圣皇后"。后世所称"则天武后"或"武则天"即是由此谥号而来。她还是政治家和诗人。在她当政的时期，被史界称为"贞观遗风"。

西域 西域狭义上是指玉门关、阳关以西，葱岭即今帕米尔高原以东，巴尔喀什湖东、南及新疆广大地区。而广义的西域则指凡是通过狭义西域所能到达的地区，包括亚洲中、西部，印度半岛的地区等。

骆宾王7岁时作过《咏鹅》诗："鹅，鹅，鹅，曲项向天歌，白毛浮绿水，红掌拨清波"，被誉为"神童"。父亲去世后，他在贫困落拓的生活中度过了早年岁月。后拜奉礼郎，为东台详正学士。因事被谪，从军西域，久戍边疆，边塞诗情勃发。

武则天当政时，骆宾王多次上疏讽刺，得罪入狱。他《在狱咏蝉》云：

露重飞难进，风多响易沉。
无人信高洁，谁为表余心？

以抒悲愤。遇赦得释后，出任临海县丞，世称骆临海，又弃官游广陵，作诗明志："宝剑思存楚，金椎许报韩。"

684年，武则天废中宗自立，这年9月，徐敬业在扬州起兵反对。骆宾王当时为徐敬业府属，被任为艺文令，掌管文书机要。

他起草著名的《讨武氏檄》："班声动而北风起，剑气冲而南斗平，暗鸣则山岳崩颓，叱咤则风云变色。以此制敌，何敌不摧；以此图功，何功不克……"慷慨激昂，气吞山河，骆宾王也因此而名扬天下。

徐敬业兵败被杀，骆宾王下落不明。《资治通鉴》说他与叛将李元庆同时被杀，《朝野佥载》说是投江而死，《新唐书》本传说他"亡命不知所之"，《本事诗·征异》则说他落发为僧，史载说法不一。

骆宾王和卢照邻都擅长七言歌行，"富有才情，兼深组织"。他的五律也有不少佳作。如《在狱咏蝉》，托物寄兴，感慨深微，是脍炙人口的名篇；《送郑少府入辽》抒写立功报国的乐观战斗精神，格高韵美，词华朗耀，除了全首平仄声调还不协调，律体形式尚未成熟而外，比起杨炯的《从军行》《紫骝马》并无逊色。

他的绝句小诗，如《于易水送人》《在军登城楼》，抒发了壮志豪情，激荡着风云之气，颇能见出诗人的个性风格，在初唐绝句中也是不多见的。骆宾王现存的作品有《骆临海集》10卷，《全唐诗》中收入其诗3卷，共100多首。

在骆宾王所有的诗作中，七言古诗《帝京篇》为初唐罕有的长篇，当时以为绝唱。堪与卢照邻的《长安古意》媲美，被称为姊妹篇。

《帝京篇》庄重严肃，气势宏大，是洋洋洒洒的鸿篇巨制，为宫体诗的一个巨变，颇显骆宾王七言古诗创作的艺术成。

在内容上，《帝京篇》取材于汉代京城长安的生活故事，描

■ 骆宾王画像

绘帝京长安的繁华，颇多壮词，显示出大唐帝国的强盛和蓬勃向上的时代风貌。提出了"未厌金陵气，先开石椁文"的居安思危的警示，抒发怀才不遇的悲愤。

在写作方法上，作者在本篇中运用赋法，为盛唐歌行的创作开了新生面。写作形式上也较为自由活泼，七言中间以五言或三言，长短句交错，或振荡其势，或回旋其姿。铺叙、抒情、议论也各尽其妙。辞藻富丽，铿锵有力，虽然承袭陈隋之遗，但已体制雅骚，翩翩合度，为歌行体辟出了一条宽阔的新路。

诗中"秦塞重关一百二，汉家离宫三十六"两句，突出帝京长安一代关塞之险与宫阙之胜，气势宏伟，艺术效果极佳，堪称名句，历来脍炙人口。

总之，《帝京篇》以古喻今，抒情言志，气韵流畅，犹如缀锦贯珠，滔滔洪远，不仅是诗人的代表作，更是初唐长篇诗歌的代表作。

诗神巨星

天才诗人与妙笔华篇

阅读链接

据《灵隐寺志》记载，骆宾王随徐敬业讨伐武则天失败后，谁都不知他的行踪。诗人宋之问被贬江南后常游灵隐寺，有一晚赏月赋诗，得"鹫岭郁岧峣，龙宫锁寂寥"两句后，再难继续。

当时有一僧人坐在灯下问他因何苦，宋之问如实相告自己被贬一事。僧人说："那就接'楼观沧海日，门对浙江潮'吧。"宋之问感到非常惊讶，一问之下才知是骆宾王。第二天去找他，已不见他的踪影。骆宾王讨伐武则天事虽败溃，但他一腔正义，流传千古。

浪漫主义诗人李白

李白（701年—762年），字太白，号青莲居士。陇西成纪，即今甘肃天水人。唐代诗人，有"诗仙""诗侠""酒仙""谪仙人"等称呼，是继屈原之后又一伟大的浪漫主义诗人。李白创造了古代积极浪漫主义诗歌高峰，为唐诗的繁荣与发展打开了新局面，批判继承前人传统并形成独特风格。歌行体和七绝达到后人难以企及的高度，开创了我国古典诗歌的黄金时代。

存世诗文千余篇，代表作有《蜀道难》《将进酒》等诗篇，有《李太白集》传世。

■李白画像

■ 李白蜡像

李白出生于盛唐时期。25岁时就开始了广泛漫游，直到742年，因道士吴筠的推荐，李白被召至长安，供奉翰林，文章风采名震天下。后因不能容于权贵，在京仅3年，就弃官而去，仍然继续他那飘荡四方的流浪生活。

"安史之乱"发生的第二年，即756年，李白感愤时艰，曾参加了永王李璘的幕府。后来永王与唐肃宗发生了争夺帝位的斗争，兵败之后，李白受牵连，流放夜郎，即今贵州境内。晚年漂泊东南一带，不久即病逝。

关于李白的死有很多种说法，皮日休在《李翰林诗》中说他是"醉致疾亡"，就是喝酒引发疾病而死，《旧唐书》说是单纯的喝酒猝死，也有说是醉酒入湖中捉月溺死，入湖捉月说古已有之且广为流传。

正如许多伟大的作家一样，在李白的全部作品中，也包含着浪漫主义和现实主义两方面的因素，但就他的主导倾向而言，他却是一个积极浪漫主义的大师。作为一个浪漫主义者，他虽然也接受了《诗经》现实主义的影响，但对他影响更深的却是《楚辞》中屈原的作品。

李白和屈原有相似的政治理想和不幸遭遇，同样有着不满现实的反抗精神，也有着可以与屈原媲美的

皮日休 字袭美，一字逸少，尝居鹿门山，自号鹿门子，又号间气布衣、醉吟先生。晚唐文学家、散文家，与陆龟蒙齐名，世称"皮陆"。诗文有奇朴二态，且多为同情民间疾苦之作。《新唐书·艺文志》录有《皮日休集》等多部。

高贵品质和艺术天才。以这些共同的特点为基础，他必然会走上屈原所开辟的积极浪漫主义的道路，并根据他自己的生活实践和艺术实践对它有所丰富和发展。

李白继承并发展了屈原的传统，他把自己"安社稷""济苍生"的政治理想和道家愤世嫉俗的精神以及游侠思想中反抗强暴、救弱扶倾的精神结合起来，对祖国表示了热爱；对被压迫被损害的人民表示了真挚的同情；对封建制度所孵育出来的黑暗现象表示了深刻的憎恨和愤怒；对统治阶级中的权贵们表示了强烈的反抗和蔑视。他的积极浪漫主义精神确比屈原具有更广阔的内容。

李白也继承了屈原的浪漫主义的表现手法，并使之发展，特别是汲取了民间诗歌中的夸张手法，在创造性地运用中加以提高，使这一表现手法益臻完美。在描写对象上，他所接触到的题材也比屈原更为广

安史之乱 安指安禄山，史指史思明，安史之乱是指他们起兵反对唐代的一次叛乱。时间是755年至762年。其原因是多方面的，是各种社会矛盾的集中反映。这是我国历史上一次重要事件，是唐代由盛而衰的转折点。

■ 李白与杜甫饮酒蜡像

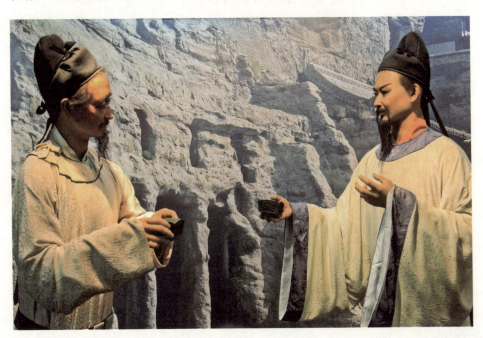

诗神巨星

天才诗人与妙笔华篇

■ 李白纪念馆内的拱门

天姥山 浙江省新昌县境内的一座普通山脉。天姥山得名来自"王母"，是新昌一邑之主山，由拔云尖、细尖、大尖等群山组成，是一片连绵起伏、气势磅礴的群峰。天姥山在古代知识分子心目中是一座备受敬仰的高峰。

阔，因之，他对于浪漫主义手法的运用范围，也就更加广泛。

李白一生创作了大量的诗歌作品，流传至今的有900多首，涉及的古典诗歌的题材非常广泛，而且在不少题材上都有名作出现。主要有《蜀道难》《行路难》《望庐山瀑布》《梦游天姥吟留别》等。

其中的《梦游天姥吟留别》又名《别东鲁诸公》，是一首记梦诗，也是游仙诗。诗写梦游名山，着意奇特，构思缜密，意境雄伟。感慨深沉激烈，变化惝恍莫测于虚无缥缈的描述中，寄寓着生活现实。虽离奇，但不做作。

内容丰富曲折，形象辉煌流丽，富有浪漫主义色彩。形式上杂言相间，兼用骚体，不受律束，体制解放。这首诗是用来留别的，要告诉留在鲁东的朋友，自己为什么要到天姥山去求仙访道。这一段是全诗的主旨所在，在短短的几句诗里，表现了诗人的内心矛盾，迸发出诗人强烈的感情。

他认为，如同这场梦游一样，世间行乐，总是乐极悲来，古来万事，总是如流水那样转瞬即逝，还是骑着白鹿到名山去寻仙访道的好。

这种对人生的伤感情绪和逃避现实的态度，表现了李白思想当中消极的一面。但是，一句"安能摧眉折腰事权贵，使我不得开心颜"！可以看出诗人的思想主要方面是积极的，富有反抗精神的。

《梦游天姥吟留别》在构思和表现手法方面，完全突破了一般送别、留别诗的惜别伤离的老套，而是借留别来表明自己不事权贵的政治态度。

在叙述的时候，又没有采取平铺直叙的办法，而是围绕着一场游仙的梦幻来构思的，直到最后才落到不事权贵的主旨上。这样的构思，给诗人幻想的驰骋开拓了广阔的领域，显示了诗人非凡的才能。

别诗 我国古体诗歌经过六朝山水诗歌的阶段之后，渐次形成了意象的艺术方式。别离之际，最易引发人的感情波澜。诗人们为此写下无数"销魂"之诗。抒写离情别绪的诗，乍看上去似平平淡淡，而细玩之，个中又有一番浓情深意。

■ 唐代诗人李白衣冠冢

《梦游天姥吟留别》句法的变化极富于创造性。虽然以七言为基调，但是还交错地运用了四言、五言、六言和九言的句子。这样灵活多样的句法用在一首诗里，却不觉得生拼硬凑，而是浑然一体。

从李白所有诗作的整体艺术成就上来讲，他的乐府、歌行及绝句成就为最高。他的歌行完全打破诗歌创作的固有格式，空无依傍，笔法多端，达到了任随性之而变幻莫测、摇曳多姿的神奇境界。他的绝句自然明快，飘逸潇洒，能以简洁明快的语言表达出无尽的情思。

李白的诗雄奇飘逸，艺术成就极高，多彩绚丽，俊逸清新，富有浪漫主义激情，达到了思想内容与艺术形式的完美统一。他不仅在抒写"自我"和寻仙、梦游等易于表达浪漫主义的题材上得以展示，同时在反映战争以及描写日常生活和自然景色的主题上也常常采取这种手法，以驰骋他"想落天外"的想象力。

李白被贺知章称为"谪仙人"，其诗大多为描写山水和抒发内心的情感为主。他的诗具有"笔落惊风雨，诗成泣鬼神"的艺术魅力，这也是他的诗歌中最鲜明的艺术特色。李白的诗富于自我表现的主观抒情色彩十分浓烈，感情的表达具有一种排山倒海、一泻千里的气

李白纪念馆正门

李白雕塑

势。李白诗中常将想象、夸张、比喻、拟人等手法综合运用，从而造成神奇异彩、瑰丽动人的意境，这就是李白的浪漫主义诗作给人以豪迈奔放、飘逸若仙的原因所在。

李白的诗歌对后代产生了极为深远的影响。中唐的韩愈、孟郊、李贺，宋代的苏轼、陆游、辛弃疾，明清的高启、杨慎、龚自珍等著名诗人，都受到李白诗歌的巨大影响。

阅读链接

唐代宰相杨国忠，嫉恨李白之才，总想设法奚落李白一番。一日，杨国忠想出一个办法，就约李白对三步句。李白刚一进门，杨国忠便道："两猿截木山中，问猴儿如何对锯？""锯"与"句"谐音，"猴儿"暗指李白。

李白听了，微微一笑，说："宰相起步，三步内对不上，算我输。"

杨国忠刚跨出一步，李白指着杨国忠的脚喊道："一马隐身泥里，快看怎样出蹄？""蹄"谐"题"，"一马"暗指杨国忠。杨国忠想占便宜，反而被李白羞辱了一番。

现实主义诗人杜甫

■ 杜甫画像

杜甫（712年—770年），字子美，号少陵野老，一号杜陵野老、杜陵布衣，世称杜拾遗、杜工部、杜少陵、杜草堂。原籍湖北襄阳，生于河南巩县。盛唐时期伟大的现实主义诗人、世界文化名人。有1500多首诗歌被保留了下来，有《杜工部集》传世。

他的作品对我国文学和日本文学产生了深远的影响。被后人称为"诗圣"，他的诗也被称为"诗史"。

■ 杜甫草堂

　　杜甫生于盛唐，原在朝中任左拾遗，因直言进谏，触怒权贵，被贬到华州任司功参军，负责祭祀、礼乐、学校、选举、医筮、考课等事。尽管个人遭遇不幸，但他仍忧国忧民。时值安史之乱，杜甫几经辗转，最后到了成都，在城西浣花溪畔，建成了一座草堂。两年后，杜甫离开了奉节县，到江陵、衡阳一带辗转流离，最后病死在衡阳市湘江的一只小船中。

　　作为伟大的现实主义诗人，杜甫的诗歌取得了极高的艺术成就。由于杜甫具有爱国爱民的胸襟，博大精深的知识，以及丰富的生活经验，所以他的诗歌境界是雄浑壮阔的。可是这种雄浑壮阔的境界往往是通过刻画眼前具体细致的景物和表现内心情感的细微波动来达到的。

　　杜甫和李白，他们的艺术境界都是很壮阔的，可是达到这样一种壮阔境界的途径却不同。李白是运用风驰电掣、大刀阔斧的手法来达到的，而杜甫却是以

草堂　这里指杜甫草堂，也称浣花草堂、工部草堂、少陵草堂，位于今四川省成都市西郊的浣花溪畔。现今是成都杜甫草堂博物馆，是为了纪念杜甫的博物馆。是当年杜甫流寓成都时的居所，由后人重建得以保存并成为纪念杜甫的场所。

■ 杜甫手迹

体贴入微，精雕细刻，即小见大，以近求远的方法来实现的。杜甫的诗就像是"润物细无声"的轻风细雨，不知不觉地渗透了读者的心灵，让人容易亲近，以体物察情的细微见长。

杜甫不只是细致入微，他还能够通过入微的刻画达到雄浑壮阔的境界，这才是杜甫超出一般现实主义诗人的地方。杜甫还有许多诗是把重大的社会政治内容和生活中的一个侧面的剖析穿插起来，运用这些细节去表现重大的主题。比如，他的《春望》这首五言律诗就是一个典型的例子：

> 国破山河在，城春草木深。
> 感时花溅泪，恨别鸟惊心。
> 烽火连三月，家书抵万金。
> 白头搔更短，浑欲不胜簪。

古体 也就是古体诗，一般又叫古风，这是依照古诗的作法写的，形式比较自由，不受格律的束缚。从诗句的字数看，有所谓四言诗、五言诗和七言诗。四言是四个字一句，五言是五个字一句，七言是七个字一句。

杜诗在语言艺术方面是有突出成就的。他的语言经过千锤百炼，用他自己的话说，"为人性僻耽佳句，语不惊人死不休"。他喜欢佳句，所以他的语言一定要达到那种惊人的效果，如果达不到这种效果，那么就要继续地反复地修改，死也不甘心。

他又说："新诗改罢自长吟，颇学阴何苦用心。""阴"是阴铿，"何"是何逊，这是南朝的两个诗人。杜甫写诗总是不断地在修改，改了以后还要不断地吟诵，在吟诵的过程中再继续地修改。从而形成了苍劲、凝练的主要特色。

从诗歌体裁方面来看，杜甫是众体兼长的一个诗人，五言、七言、古体、律诗、绝句，他都能够运用自如，尤其是古体和律体，杜甫写得非常好。他常常运用这种体裁将叙事、抒情、议论三者融合在一起。

杜甫在七律方面的贡献特别卓著。杜甫以前的七律大都是歌功颂德或者是应酬之作。杜甫不仅用七律来描绘自然的风景，或者用来赠答酬唱，而且用七律

阴铿 字子坚，武威姑臧，即今甘肃武威人。南北朝时代梁朝、陈朝著名诗人、文学家。善五言诗，为当时所重。阴铿的艺术风格同何逊相似，被后人并称为"阴何"。

何逊 字仲言，东海郯，即山东省苍山县人。诗与阴铿齐名，世号"阴何"；文与刘孝绰齐名，世称"何刘"。其诗善于写景，工于炼字。为杜甫所推许。

■ 杜甫草堂全景图

三吏 从官吏入手反映百姓的遭遇：《新安吏》描述了还没成年的"中年"被迫拉去入伍的惨状；《潼关吏》写官军在相州败后退守洛阳，为防洛阳陷落、长安不保，因而在战略要地潼关加紧修关筑城；《石壕吏》则进一步描写唐王朝的腐败无能。

这种形式表现政治内容，感叹时事，批评政治，抒发他的忧国忧民的思想。在艺术上，杜甫以前的七律是一味的秀丽、典雅，杜甫则创造出沉雄悲壮，慷慨激昂的风格，把七律的创作推向了高潮。

最能代表杜甫诗歌成就的是"三吏"和"三别"。这两组作品创作于唐军平叛安史之乱时期。"三吏"即《新安吏》《石壕吏》《潼关吏》，"三别"即《新婚别》《垂老别》《无家别》。这是杜甫的经典作品和不朽史诗，代表了诗人诗歌创作的最高成就，是他的现实主义诗篇的光辉顶点。

"三吏""三别"有着真实而典型的故事情节，叙说的是发生在"安史之乱"这一特定的历史环境中的事情，故事情节真实而又典型。

■ 杜甫诗意图

"三吏"从官吏入手反映百姓的遭遇，"三别"是从人民的一方着墨，描写了三种不同身份、年龄和性别的人物被迫从军、辞家别亲的痛苦经历。

"三吏""三别"主题思想积极而深刻，并且各有侧重：如《石壕吏》反映"安史之乱"给人民带来的苦难及平叛失败后兵役制度更加败坏，连老妇都不放过。《无家别》表现了归乡士兵"久行见空巷，日瘦气惨凄"的悲哀与"人生无家别，何以为蒸黎"的呼号。

"三吏""三别"的主题深刻，它概括反映了当时人民忍受痛苦，走上战场的爱国主义精神，揭露了统治阶级的罪行，真实地再现了"安史之乱"中唐时的社会生活面貌，热爱祖国而又同情人民的主题得到了深刻、充分的体现。

诗人以高超的文艺笔法，塑造了不同场景下的不同年龄层次的不同身份的各类人物的典型形象，他们是"安史之乱"中千千万万个像他们一样的人物的缩影，他们的悲惨遭遇，代表了那个时代的人们的普遍遭遇，这就是杜甫诗歌中的文学人物的典型意义。

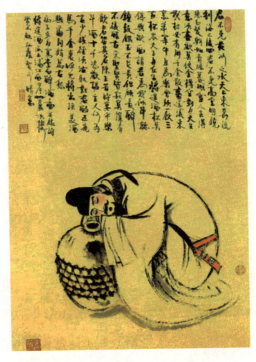

■ 杜甫醉酒图

在语言上，杜甫一生追求"语不惊人死不休"的语言效果，他遣词造句千锤百炼，一字不苟，"三吏""三别"更是他诗歌语言的典范。

"三吏""三别"的语言特色主要体现在生动而逼真的人物语言上。如《石壕吏》写老妇致词"二男新战死""室中更无人，唯有乳下孙，有孙母未去，出入无完裙。老妇力虽衰，请从吏夜归"，这饱含血泪的倾诉出自一个老妇人之口，符合当时的社会环境和人物的身份，对"夜捉人"的暴吏和统治者当局揭露更深。

综上所述，"三吏""三别"像画卷一样，将唐

三别 《新婚别》以新娘送夫的口吻叙说一个青年头一天晚上刚结婚，第二天早上便被征去当兵的故事；《垂老别》描写一个已到垂暮之年的老人被征服役的惨遇；《无家别》泣诉一个从前线战败归乡的士兵又被召至本乡服役的情景。

■杜甫塑像

代"安史之乱"中的纷乱、兵荒、抗战的一幅幅画面展现在我们面前，诗中既有形象的鲜明性，又有历史的真实性。社会的黑暗、统治阶级的腐朽、国家命运的危机、人民生活的饥寒，一个时代的历史动向和整个社会的全貌都得到了艺术的表现。

诗人为祖国焦虑、忧愁，他为人民的不幸的愤怨不平之情便洋溢在诗行之中，其沉郁顿挫的艺术风格，呈现出感人的艺术魅力，其诗歌的深邃的含义耐人寻味，达到了古典诗歌中最高的思想和艺术水平。杜甫一生写诗1000多首，很多都是传颂千古名篇，被称为"世上疮痍，诗中圣哲；民间疾苦，笔底波澜"。

阅读链接

744年，杜甫与李白初次相逢于洛阳，两位诗坛泰斗一见如故，同饮同醉，携手同游，度过了一段彼此难忘的日子。

杜甫在成都做节度使严武的幕客时，时常想起与李白相处的日子，这时他们已经阔别10多年了。

想起那一段令人难忘的好时光，杜甫总感慨不已，颇为怀念。于是写了一首五律《春日忆李白》，开头四句："白也诗无敌，飘然思不群。清新庾开府，俊逸鲍参军。"

在诗中，杜甫赞许李白清新俊逸的诗风实在是无人可以匹敌的。

语言简洁的白居易

白居易（772年—846年），字乐天，晚号香山居士、醉吟先生。祖籍山西太原，胡族后裔，生于唐代时河南新郑。中唐最具代表性的诗人之一。我国唐代伟大的现实主义诗人，中国文学史上负有盛名且影响深远的诗人和文学家。

白居易的诗歌题材广泛，形式多样，语言平易通俗，有"诗魔"和"诗王"之称，此外还有"老妪能解"之说。

其作品在作者在世时就已广为流传于社会各地各阶层，乃至外国，如新罗、日本等地，产生很大的影响。著名诗歌有《长恨歌》和《琵琶行》等。

■现实主义诗人白居易画像

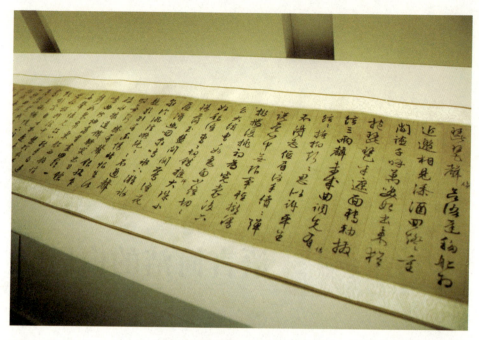

■ 白居易名篇《琵琶行》

顾况（约727年—约815年），字逋翁，号华阳真逸，晚年自号悲翁。苏州海盐横山人，也就是现在浙江海宁境内。唐代诗人、画家、鉴赏家。他一生官位不高，曾任著作郎，因作诗嘲讽得罪权贵，贬饶州司户参军。晚年隐居茅山。

白居易很小的时候酷爱学习，十几岁就能写出不少好诗，引得了别人的不少赞扬。为了使自己的诗文有更好的发展，15岁时白居易带着自己写成的诗文到了长安，得到前辈诗人顾况的肯定，顾况把白居易介绍到了京城的诗界，白居易这个名字也开始渐为人们所知晓。后来白居易科考及第。

白居易走上仕途后，先后做过江州司马，杭州、苏州刺史，直到刑部尚书。但由于当时政治黑暗，他在进行官场斗争的同时，写了大量政治、社会讽喻诗。同时，对人民的疾苦非常关心，写有许多这方面的著名诗篇。

白居易诗歌的一个重要特点就是语言的简洁明白，相传每当他写完一首诗时，都要亲自读给一些不识字的老妈妈去听，征求她们的意见，看她们能不能听懂，只有在她们都听懂了，白居易才满意。也正因为这样，他的诗才得到了广泛的传播，在当时就是家喻户晓了。

白居易曾经将自己的诗歌分为四类：闲适诗、杂律诗、讽喻诗和感伤诗。

白居易闲适诗意在"独善"，从而表现出淡泊平和、闲逸悠然的情调。如他在步入仕途后不久所作的《常乐里闲居偶题十六韵》一诗，即表现出对了对"帝都名利场"的厌倦、对现有生活的满足。诗末四句这样写道：

> 窗前有竹玩，门外有酒沽。
> 何以待君子，数竿对一壶。

另一首作于盩厔尉时的《官舍小亭闲望》也有类似的诗句：

■ 白居易画像

> 亭上独吟罢，眼前无事时。
> 数峰太白雪，一卷陶潜诗。
> 人心各自是，我是良在兹。

以淡泊知足之心，对清爽自然之景，境界不算大，格调也不甚高，但自得自适之情却别有一番意趣。白居易这种知足保和的心境，越到晚年表现得越突出，闲适生活与诗酒人生、佛道心境

诗神巨星

天才诗人与妙笔华篇

■ 诗人白居易墓

全都表现在闲适诗里。如《问刘十九》：

绿蚁新醅酒，红泥小火炉。
晚来天欲雪，能饮一杯无？

韩愈（768年—824年），字退之，唐朝邓州南阳人，后迁孟津，即今河南省焦作孟州市。自谓郡望昌黎，世称韩昌黎。他是唐朝文学家、思想家、政治家。唐代古文运动的倡导者，宋代苏轼评价他"文起八代之衰"，明人推他为唐宋八大家之首，与柳宗元并称"韩柳"，有"文章巨公"和"百代文宗"之名。

白居易另有不少记游写景的"闲适"之作，很有自己的独特风貌。如那首长达1300字、被后人评为可与韩愈《南山》诗匹敌的《游悟真寺一百三十韵》，叙述游踪条理分明，步骤井然，有明显的散文化倾向，摹景写情既形象生动，又自然散朗。

写山风是："风从石下生，薄人而上抟。衣服似羽翮，开张欲飞鶱"；写日落月出是："西北日落时，夕晖红团团。千里翠屏外，走下丹沙丸。东南月上时，夜气青漫漫，百丈碧潭底，写出黄金盘"；写游山之意是："我本山中人，误为时网牵……今来脱簪组，始觉离忧患。及为山水游，弥得纵疏顽"。诗情画意弥漫其间，令人有身临其境之感。

再如他被贬之后写的《题浔阳楼》《读谢灵运诗》《宿简寂观》《咏意》等，都能以审美的眼光和清新的笔调，观照自然，抒写心怀，排遣忧愁，超然物外，表现出"逸韵谐奇趣"的特点。他的《大林寺桃花》虽仅短短四句，却理趣悠长，活泼可爱：

人间四月芳菲尽，山寺桃花始盛开。

长恨春归无觅处，不知转入此中来。

白居易的闲适诗还有不少说理议论的篇章，所说之理又多为出世逃禅、知足保和之类，初读之下，尚觉清爽，数篇之后，便觉陈陈相因，了无新意，正如他自己在《自吟拙什因有所怀》中所说："诗成淡无

087

中古时期

诗界泰斗

■ 为纪念白居易而建的白居易祠堂

■ 乾隆皇帝为白居
易题词

组诗 是指由表现
同一主题的若干
首诗所组成的一
组诗。每首诗相
对完整和独立，
但是每首诗与其
他诗之间又有内
在的感情联系，
每首诗和组诗内
的其他诗都成排
比列式，格式相
同或相近。古代
很多大诗人都作
有组诗，如陶渊
明的《归园田居
五首》，白居易
的《新乐府五十
首》和《秦中吟
十首》等。

味，多被众人嗤。上怪落声韵，下怪拙言词。"

但白居易诗也有说理说得好的，如组诗《效陶潜体十六首》便将议论与叙述、描写结合起来，以饮酒为契机，表现诗人"便得心中适，尽忘身外事。更复强一杯，陶然遗万累"的真实情态，较之一般纯发议论的说理诗，自不可一概而论。

白居易的闲适诗在后代有很大影响，其浅切平易的语言风格、淡泊悠闲的意绪情调，都曾屡屡为世人所称道，但相比之下，这些诗中所表现的那种退避政治、知足保和的"闲适"思想，以及归趋佛老、效法陶渊明的生活态度，因与后世文人的心理较为吻合，所以影响更为深远。

如白居易有"相争两蜗角，所得一牛毛""蜗牛角上争何事，石火光中寄此身"的诗句，凡此种种，都展示出白居易及其诗的影响轨迹。

白居易杂律诗包括杂体和律体，或流连光景，或与人酬唱，争一日之长，其中有些抒情写景的小诗艺术水平较高。白居易的杂律诗数量最多，内容也最纷杂。其中有价值的是写景抒情诗，如《赋得古原草送别》《钱塘湖春行》《暮江吟》等。

自居易的杂律诗以绝句、律诗和小的篇章为主，代表了中唐诗风的新变，在中唐诗坛引起了极大反响，并能保持在唐末五代仍有持久并渐强的影响，甚至一直延续到宋初及以后。

白居易本人最得意，价值也最高的是讽喻诗。他的讽喻诗主要包括了两方面的内容：一是广泛地反映人民的苦难，如《杜陵叟》《上阳白发人》《后宫词》等，二是深刻地揭露统治者的罪恶，如《卖炭翁》《红绒毯》等。

在感伤诗里面，最为人们所知的就是《长恨歌》和《琵琶行》了。两者代表了白居易诗歌艺术上的最高成就。相比之下，《琵琶行》比《长恨歌》更具现实意义，

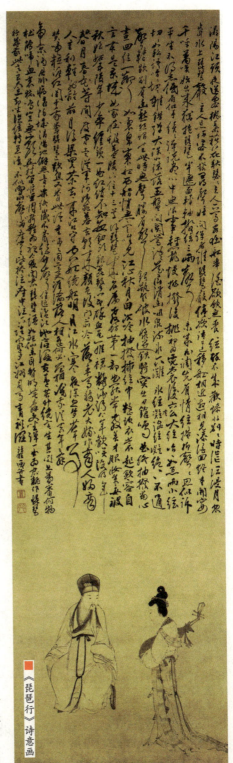

《琵琶行》诗意画

诗神巨星

天才诗人与妙笔华篇

■ 白居易祠堂内的草堂

以至《琵琶行》成为我国文化界人人皆知的名篇：

> 浔阳江头夜送客，枫叶荻花秋瑟瑟。
>
> 主人下马客在船，举酒欲饮无管弦。
>
> 醉不成欢惨将别，别时茫茫江浸月。
>
> 忽闻水上琵琶声，主人忘归客不发。
>
> 寻声暗问弹者谁，琵琶声停欲语迟。
>
> 移船相近邀相见，添酒回灯重开宴。
>
> 千呼万唤始出来，犹抱琵琶半遮面……

乐伎 我国古代把以音乐、歌舞为业的艺人统称为伎，以从事演奏乐器为主的艺人称乐伎，以从事歌唱舞蹈为主的艺人称舞伎。音乐舞蹈界的研究者们，把敦煌壁画中以演奏乐器为主的人物形象称为敦煌乐伎。

在《琵琶行》之中，诗人着力塑造了琵琶女的形象，深刻地反映了当时封建社会中被侮辱、被损害的乐伎、艺人的悲惨命运，抒发了自己"同是天涯沦落人"的感情。

白居易本来就是一个关心下层人民，同情人民疾苦的诗人，这次他又用浅近流转的语言描写了一个

唐宣宗

沉断明察史民敕良
无复仁恩衰唐元氛

■ 唐宣宗（810年—859年），名李忱，唐朝第十八位皇帝。在位13年。谥号"章仁神聪懿道大孝皇帝"，庙号宣宗。他明察沉断，用法无私，从谏如流，重惜官赏，恭谨节俭，惠爱民物。后人谓之"小太宗"。

动人怜惜的风尘女子形象。正是由于这首诗，白居易的名字更为家喻户晓、妇孺皆知了。

30年后，唐宣宗在为白居易写的一首诗中说："童子解吟《长恨》曲，胡儿能唱《琵琶》篇。"由此可见，连少数民族的儿童都能背诵，至于汉族人显然就更不用说了。

白居易的一生写了不少诗歌，是唐代诗坛上作品最多的诗人。白居易的诗在当时流传广泛，在国内，上自宫廷，下至民间，处处皆是，在国外，其声名远播朝鲜和日本。

白居易的诗歌在日本的影响最大，他是日本人最喜欢的唐代诗人，在日本的古典小说中常常可以见到引用他的诗文，在日本人的心中，白居易才是唐代诗歌的风云人物。

阅读链接

白居易小时候就特别聪明懂事。有一天，他正在家中玩耍，忽听到门外的街上有人在争吵，原来是两个女邻居，为一只芦花老母鸡争执不下。

这时，小居易说："你们别吵了，先把母鸡放在地上。母鸡念旧窝，它会自己回家的，它进了谁家的门，自然就是谁家的了。"

众人一听，都说这个办法好。被放在地上的母鸡一溜小跑进了东家的门。在众人的哄笑声中，西家的女邻居脸色通红地低头走了。大家都夸奖白居易小小年纪就能明断邻里纠纷。

晚唐诗歌之冠李商隐

　　李商隐（约813年—约858年），字义山，号玉谿生，又号樊南生。祖籍怀州河内，后移居郑州荥阳。他十分擅长诗歌写作，他的骈文文学价值也很高，是晚唐最出色的诗人之一，他和杜牧合称"小李杜"，与温庭筠合称"温李"，因他的诗文与同时期的段成式、温庭筠风格相近，且三人都在家族里排行第十六，故并称"三十六体"。

　　他的诗辞藻华丽，并且善于描写和表现细微的感情。晚年创作的无题诗和咏史诗，形成了自己独特的风格。其作品辑于《李义山文集》，又称《樊南文集》。

■ 晚唐最著名的诗人李商隐雕像

■ 唐长安街景

　　李商隐19岁因文才深得太平军节度使令狐楚的赏识，引为幕府巡官。25岁进士及第。26岁做泾源节度使王茂元的书记。王爱其才，招为婿，李商隐因此遭到牛党的排斥。

　　此后，李商隐便在牛李两党争斗的夹缝中求生存，辗转于各藩镇幕僚当幕僚，郁郁而不得志，后潦倒终身，46岁忧郁而死。

　　晚唐诗歌在前辈的光芒照耀下有着大不如前的趋势，而李商隐却又将唐诗推向了又一个高峰，是晚唐最著名的诗人。

　　李商隐的诗歌反映了晚唐时代人民生活极端贫困，政权内部矛盾重叠、危机四伏的现实情况，特别是对诗人自己身世的吟唱，表现出知识分子的苦闷和悲愤。具体内容可分为以下几个方面：

　　一是政治诗。作为一个关心政治的知识分子，李

令狐楚 字壳士，宜州华原，即今陕西省耀县人，先世居敦煌。唐代文学家。791年登进士第。累进方员外郎、知制诰、华州刺史、河阳怀节度使、中书侍郎等。逝世于山南西道节度使任上。谥号"文"。

杜牧画像

商隐写了大量这方面的诗歌，留存下来的约有100首左右。其中的代表作是《随师东》《富平少侯》和《北齐二首》。

其中《随师东》：

东征日调万黄金，几竭中原买斗心。
军令未闻诛马谡，捷书惟是报孙歆。
但须鸑鷟巢阿阁，岂假鸱鸮在泮林。
可惜前朝玄菟郡，积骸成莽阵云深。

827年发生了沧州丧乱，此后，骸骨蔽地，城空野旷，户口十无三四。诗中所言，正是记录了当时的情景。随师东，即隋师东征。在这首诗里，李商隐托古讽时，讽刺唐廷讨李同捷之役中所暴露的唐廷军事、政治腐败现象。

《富平少侯》：

七国三边未到忧，十三身袭富平侯。
不收金弹抛林外，却惜银床在井头。
彩树转灯珠错落，绣檀回枕玉雕镂。
当关不报侵晨客，新得佳人字莫愁。

此诗借汉喻唐，是一首托古讽今之作。诗中塑造了一个荒淫奢侈、醉生梦死的贵族公子形象，开头两句高度概括了人物的身份，接着通过几个具有典型意义的细节描写，从各个侧面来刻画人物的性格和表现人物的思想感情。全诗揭示了统治阶级只知贪图享乐，不恤国事的本质，表达了诗人对国家政局的忧虑。

《北齐二首》：

一笑相倾国便亡，何劳荆棘始堪伤。
小怜玉体横陈夜，已报周师入晋阳。

巧笑知堪敌万机，倾城最在著戎衣。
晋阳已陷休回顾，更请君王猎一围。

《北齐二首》通过讽刺北齐后主高纬宠幸冯淑妃这一荒淫亡国的史实，以借古鉴今。语言精练、对比鲜明，给人以强烈的艺术感受。

此外，还有《韩碑》《行次西郊作一百韵》《茂陵》等代表作。

这些政治诗指陈时局，语气严厉悲愤，又含有自我期许的意味，很能反映他当时的心态。在关于政治和社会内容的诗歌中，借用历史题材反映对当代社会的意见，是李商隐此类诗歌的一个特色。

唐代宫廷宴席砖画

相見時難別亦難，東風無力百花殘。春蠶到死絲方盡，蠟炬成灰淚始乾。曉鏡但愁雲鬢改，夜吟應覺月光寒。蓬山此去無多路，青鳥殷勤為探看。

李義山無題
錢泳

■ 李商隐无题诗帖

二是抒怀诗。李商隐一生仕途坎坷，心中的抱负无法得到实现，于是就通过诗歌来排遣心中的郁闷和不安。

流传较广的《安定城楼》写道：

高纬 字仁纲，南北朝时期北齐第五位皇帝，565年至577年在位。父亲是北齐武成帝高湛，母为胡皇后。生于并州的王邸。武成帝即位，562年，立为皇太子。565年，武成帝禅位于他。568年亲政。576年，禅位于长子高恒。

迢递高城百尺楼，绿杨枝外尽汀洲。
贾生年少虚垂涕，王粲春来更远游。
永忆江湖归白发，欲回天地入扁舟。
不知腐鼠成滋味，猜意鹓雏竟未休。

该诗体现了作者青年时期的高远抱负和奋发精神，抒发了作者虽仕途受阻，遭到一些人的谗伤，但并不气馁，反而鄙视和嘲笑谗佞的小人的坚定胸怀。

《乐游原》写道：

向晚意不适，驱车登古原。
夕阳无限好，只是近黄昏。

这是一首久享盛名的佳作。作者赞美了黄昏前的原野风光和表达自己的感受。诗人李商隐透过当时唐帝国的繁荣，预见到社会的严重危机。而"夕阳无限好，只是近黄昏"两句诗也表示：人到晚年，过往的良辰美景早已远去，不禁叹息光阴易逝，青春不再。这是迟暮者对美好人生的眷念，也是作者有感于生命的伟大与不可超越，而借此抒发一下内心的无奈感受。

《杜工部蜀中离席》写道：

人生何处不离群？世路干戈惜暂分。
雪岭未归天外使，松州犹驻殿前军。
座中醉客延醒客，江上晴云杂雨云。
美酒成都堪送老，当垆仍是卓文君。

唐代长安城西市模型

■ 李商隐画像

这首诗是留别僚友杜之作。题意本是"蜀中离席"，因为诗的风格模仿杜甫，所以加"杜工部"3字。此诗拟杜，既得其诗法，又得其精神。诗中深寓忧时伤乱之感。

值得注意的是，这类内容的抒怀诗中许多七言律诗被认为是杜甫诗风的重要继承者。

三是即景抒情诗。李商隐的感情诗较有名的有《夜雨寄北》等。《夜雨寄北》写道：

君问归期未有期，巴山夜雨涨秋池。
何当共剪西窗烛？却话巴山夜雨时。

这首诗是李商隐身居遥远的异乡巴蜀写给在长安的妻子的一首抒情七言绝句。诗人用朴实无华的文字，写出他对妻子的一片深情，亲切有味。全诗构思新巧，自然流畅，跌宕有致，很有意境。

此外，还有《重过圣女祠》《柳枝五首》《悼伤后赴东蜀辟至散关遇雪》等。包括大多数无题诗在内的吟咏内心感情的作品，有的保持了与无题诗类似的风格，有的反映出李商隐感情诗另一种风格的意境，是李商隐诗歌中最富有特色的部分。

四是酬赠诗。在李商隐用于交际的诗作中，写给

七言律诗 是律诗的一种。律诗是我国近体诗的一种。格律严密。这种诗发源于南朝齐永明时，沈约等讲究声律、对偶的新体诗，至初唐沈佺期、宋之问时正式定型，成熟于盛唐时期。律诗要求诗句字数整齐划一，律诗由八句组成，七字句的称七言律诗。

令狐绹的《酬别令狐补阙》《寄令狐郎中》《酬令狐郎中见寄》《寄令狐学士》《梦令狐学士》《令狐舍人说昨夜西掖玩月因戏赠》特别引人注意。其中的《寄令狐郎中》写道：

> 嵩云秦树久离居，双鲤迢迢一纸书。
> 休问梁园旧宾客，茂陵秋雨病相如。

这首诗为解释他与令狐绹的关系提供了直接的有力的证据。

总观李商隐的诗歌，在主题思想上，体现了作者看中实用的儒家思想，但他对儒学有一定的批判精神，认为不必规规然以孔子为师，不必以"能让"为贤，等等。他还有佛道思想，主张以"自然"为祖。在艺术风格上，李商隐的诗文辞清丽、意韵深微。

李商隐现存诗约600首，特别是其中的无题诗堪称一绝，而最为突出的便是他的爱情诗。他在用典上有所独创，喜用各种象征、比兴手法，有时读了整首诗也不清楚目的为何。

他每作诗，一定要查阅很多书籍，屋子里书籍到处乱摊。但有时用典太过，犯了晦涩的毛病，使人无法了解他的诗意。

酬赠诗 古代文人用来交往应酬的或者赠给亲友同人的诗歌作品。酬者，酬谢之意，为表达自己的感谢而赠予对方的诗就是酬赠诗。古人以诗交友，朋友之间常常互相唱和，此谓"酬唱"，有所感受则赠诗给亲友，此所谓赠诗，二者并称"酬赠诗"。

■ 李商隐塑像

繁华的唐代城市景象

诗神巨星

天才诗人与妙笔华篇

　　李商隐是对后世最有影响力的诗人，因为爱好李商隐诗的人比爱好李、杜、白诗的人更多。

　　晚唐时期，韩偓、吴融和唐彦谦已经开始自觉学习李商隐的诗歌风格。到了宋代，学习李商隐的诗人就更多了。明朝的诗人从前、后七子到陈子龙、钱谦益、吴伟业，都受到李商隐的影响。

　　清初的叶燮在《原诗》中说："宋人七绝，大概学杜甫者什六七，学李商隐者什三四。"

阅读链接

　　传说白居易有一次读到李商隐的诗文，不禁击掌叫绝，敬佩有加。一天他自斟自饮，酒至半酣，又翻看李商隐的新作，突发奇想，但愿自己死后能转世投胎到李商隐家。

　　白居易喜欢李商隐诗的消息很快就传到了李商隐那里，李商隐受宠若惊，倍加感激。又过了几年，白居易去世，李商隐喜得贵子。

　　他想起白居易的话，心想可不能辜负老前辈的遗愿，就给儿子取名"白老"。可惜的是，"白老"长大后远不及白居易聪明，这倒让李商隐大失所望。

从五代十国至元代是我国历史上的近古时期。在诗歌领域渐成风格，以苏轼为代表的"豪放派"和以李清照为代表的"婉约派"，都对后世产生了巨大影响。

宋室南迁，作家爱国热情高涨，涌现出陆游和文天祥这样的代表。在金元动乱交际，元好问以其"一代文宗"之尊，在文学上架起承前启后的桥梁。此后，元代散曲流行，诗词退居其后。

近古时期这些词人及其佳作，展现了我国古代诗歌创作的另一个高度。

近古时期

词坛巨擘

豪放派词人苏轼

天才诗人与妙笔华篇

北宋文学家苏轼画像

苏轼（1037年—1101年），字子瞻，一字和仲，号东坡居士。生于北宋时眉州眉山，即今四川省眉山市。唐宋八大家之一，北宋大文豪，宋词"豪放派"的代表。追谥"文忠"。

他在文学艺术方面堪称全才。其诗题材广阔，清新雄健，善用夸张比喻，独具风格，与黄庭坚并称"苏黄"。诗文有《东坡全集》等。其词开豪放一派，对后世有巨大影响。代表词作有《念奴娇·赤壁怀古》和《水调歌头·丙辰中秋》等，传诵甚广。

■ 宋神宗（1048年—1085年），名赵顼，宋英宗赵曙长子。1067年至1085年在位。谥号"体元显道法古立宪帝德王功英文烈武钦仁圣孝皇帝"。即位后即命王安石推行变法，以期振兴北宋王朝，史称王安石变法，又称熙宁变法。由于不得其法，终以失败收场

苏轼的父亲苏洵，即《三字经》里提到的"二十七，始发愤"的"苏老泉"。苏洵发愤虽晚，但用功甚勤。苏轼晚年曾回忆幼年随父读书的状况，感觉自己深受其父影响。

从一定程度上说，没有苏洵的发愤读书，也就不可能使苏轼幼年承受好的家教，更不能年未及冠就学通经史，也更不可能有日后的文学成就。

苏轼中进士时21岁，宋神宗时期曾在凤翔、杭州、密州、徐州、湖州等地任职。1080年，因"乌台诗案"受诬陷被贬黄州任团练副使，在黄州4年多曾于城东之东坡开荒种田，故自号"东坡居士"，人称"苏东坡"。宋哲宗即位后，曾任翰林学士、侍读学士、礼部尚书等职，并出知杭州、颖州、扬州、定州等地。晚年被贬惠州、儋州。大赦北还，途中病死在常州，葬于河南郏县。

苏轼现存词有300多首，内容广阔，风格多样，而以豪放为主。苏轼"以诗为词"，使词成为一种独立的抒情诗体，变歌者之词为士大夫之词，侧重表现作者的精神面貌和审美情趣，这是对词的一大解放。

就整体风格而言，苏词又能豪放，又能婉约，两种风格非但不相互排斥，而且是刚柔相济，即苏轼自

豪放 这里指的是豪放派。豪放派是宋词风格的流派之一。北宋诗文革新派作家如欧阳修、王安石、苏轼、苏辙都曾用"豪放"一词衡文评诗。第一个用"豪放"评词的是苏轼。南宋人已明确地把苏轼、辛弃疾作为豪放派的代表，以后遂相沿用。

谓的"刚健含婀娜"。后人认为苏词风格豪放，目之为豪放之宗，主要是指其能以雄放之笔遣词驰骋，意境超脱，扩大了辞境，打破了词的"法度"常规，并非专指气势豪迈、气象恢宏、笔力刚健。毫无疑问，这也确实是他的一种风格。

下面我们试析一下《念奴娇·赤壁怀古》和《水调歌头·丙辰中秋》，从中感受一下这位"豪放派"大词人的思想境界和艺术风采。

《念奴娇·赤壁怀古》是苏轼豪放派词代表作。全词气魄宏伟，视野阔大，对壮丽河山的赞美，和对历史英雄人物的歌颂及怀念，构成了豪放的基调。

大江东去，浪淘尽，千古风流人物。
故垒西边，人道是，三国周郎赤壁。乱石穿空，惊涛拍岸，卷起千堆雪。江山如画，一时多少豪杰。

遥想公瑾当年，小乔初嫁了，雄姿英

■ 苏东坡画像

公瑾 汉末东吴儒将周瑜，即安徽省庐江县人。洛阳令周异之子，长壮有姿貌、精音律，江东有"曲有误，周郎顾"之语。周瑜少与孙策交好，21岁起随孙策奔赴战场平定江东，后孙策遇刺身亡，孙权继任，周瑜将兵赴丧，以中护军的身份与长史张昭共掌众事。

诗神巨星
天才诗人与妙笔华篇

发。羽扇纶巾，谈笑间，樯橹灰飞烟灭。故
国神游，多情应笑我，早生华发。人生如
梦，一樽还酹江月。

这首词上阕咏赤壁，着重写景，为描写人物作烘托。前3句不仅写出了大江的气势，而且把千古英雄人物都概括进来，表达了对英雄的向往之情。假借"人道是"以引出所咏的人物。从而为下阕所追怀的赤壁之战中的英雄人物渲染了环境气氛。下阕着重写人，借对周瑜的仰慕，抒发自己功业无成的感慨。表现了词人不甘沉沦，积极进取，奋发向上豪迈本色。

词人一下笔就高视阔步，气势浑雄："大江东去，浪淘尽、千古风流人物。"细想万千年来，历史上出现过多少英雄人物，他们何尝不显赫一时，俨然是时代的骄子。谁不赞叹他们的豪杰风流，谁不仰望

■ 苏轼回翰林院图

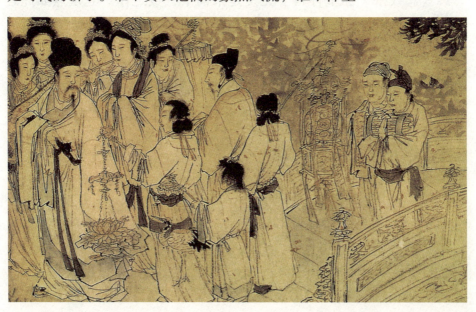

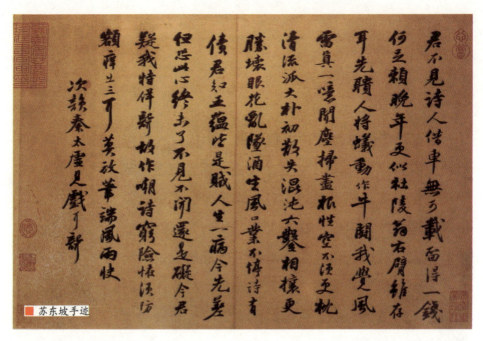

苏东坡手迹

诗神巨星

天才诗人与妙笔华篇

他们的姿容风采!

　　然而，随着时光的不断流逝，随着新陈代谢的客观规律，如今回头一看，那些"风流人物"当年的业绩，好像给长江浪花不断淘洗，逐步淡漠，逐步褪色，终于，变成历史的陈迹了。

　　《念奴娇·赤壁怀古》无疑是宋词中有数之作。立足点如此之高，写历史人物又如此精妙，不但词坛罕见，在诗国也是不可多得的。

　　《水调歌头·丙辰中秋》落笔潇洒，舒卷自如，情与景融，境与思偕，思想深刻而境界高逸，充满哲理，是苏轼词的典范之作。

　　明月几时有？把酒问青天。不知天上宫阙，今夕是何年？我欲乘风归去，又恐琼楼玉宇，高处不胜寒。起舞弄清影，何似在人间！

　　转朱阁，低绮户，照无眠。不应有恨，何事长向别时圆？人有悲欢离合，月有阴晴圆缺，此事古难全。但愿人长久，千里共婵娟！

上阕望月，既怀逸兴壮思，高接混茫，而又脚踏实地，自具雅量高致。下阕怀人，人的悲欢离合同月有阴晴圆缺一样，两者都是自然常理，无须伤感。终于以理遣情，从共同赏月中互致慰藉，离别这个人生憾事就从友爱的感情中得到了补偿。

这首词上阕执着人生，下阕善处人生，表现了苏轼热爱生活、情怀旷达的一面。从艺术成就上看，此篇构思奇拔，蹊径独辟，极富浪漫主义色彩，是历来公认的中秋词中的绝唱。从表现方面来说，词的前半纵写，后半横叙。

上阕高屋建瓴，下阕峰回路转。前半是对历代神话的推陈出新，也是对魏晋六朝仙诗的递嬗发展。后半纯用白描，人月双及。它名为演绎物理，实则阐释人事。笔致错综回环，摇曳多姿。

从布局方面来说，上阕凌空而起，入处似虚；下阕波澜层叠，返虚转实。最后虚实交错，纡徐作结。

白描 是我国画技法名，指单用墨色线条勾描形象而不施彩色的画法；白描也是文学表现手法之一，主要用朴素简练的文字描摹形象，不重词藻修饰与渲染烘托。使用这种手法刻画人物时，要求作者紧紧抓住人物所处的特定环境及人物的个性、经历、言行的突出之点，用简洁的语言进行描写，以表现人物个性特征。

■ 东坡亭匾额

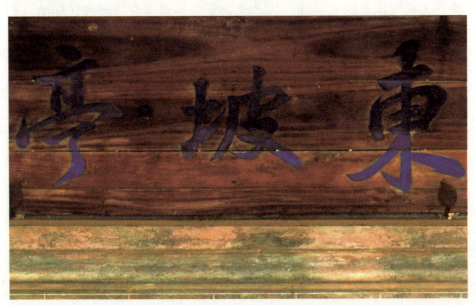

苏轼石刻《放鹤亭记》

全词设景清丽雄阔，以咏月为中心表达了游仙"归去"与直舞"人间"、离欲与入世的矛盾和困惑，以及旷达自适，人生长久的乐观态度和美好愿望，极富哲理与人情。

立意高远，构思新颖，意境清新如画。最后以旷达情怀收束，是词人情怀的自然流露。情韵兼胜，境界壮美，具有很高的审美价值。

对于《水调歌头·丙辰中秋》，历代文人都是推崇备至。宋代胡仔《苕溪渔隐丛话》认为此词是写中秋的词里最好的一首。

这首词仿佛是与明月的对话，在对话中探讨着人生意义，既有理趣，又有情趣，耐人寻味。因此九百年来传诵不衰，至今还能给人们以健康的美学享受。

阅读链接

苏轼一向才思敏捷，他和文名很大的黄庭坚是挚友，两人经常以斗嘴为乐。苏轼婚后不久，应邀去黄庭坚家做客，才到那里，仆人就赶来请他马上回去，说夫人有急事。

黄庭坚有心讽刺，吟道："幸早里（杏、枣、李），且从容（苁蓉为一味中药）。"这句里含三种果名，一种药名。

苏轼头也不回，蹬上马鞍就走，边走边说："奈这事（奈，苹果之属、蔗、柿）须当归（当归为中药名）。"

东坡居士的才思实在是令人拜服得很！

婉约派词人李清照

李清照（1084年—1155年），号易安居士。山东省济南人。宋代女词人，婉约词派代表，有"千古第一才女"之称。历史上与济南历城人辛弃疾并称"济南二安"。

她的词作善用白描手法，自辟途径，语言清丽。论词提出"别是一家"之说。

李清照的代表作品有《声声慢·寻寻觅觅》和《一剪梅·红藕香残玉簟秋》等 。今有后人《李清照集校注》。

李清照画像

■ 李清照故居

士大夫 旧时指官吏或较有声望、地位的知识分子。在中世纪，通过竞争性考试选拔官吏的人事体制为我国所独有，因而形成了一个特殊的士大夫阶层，即专门为做官而读书考试的知识分子阶层。这个阶层是我国社会特有的产物，是知识分子与官僚相结合的产物，是两者的胶着体。

李清照出生于一个爱好文学艺术的士大夫家庭。她幼年大部分时间是在风景如画、人文荟萃的家乡历城度过的。大约在她五六岁时，因父亲李格非做了京官，她便也随父母迁居东京汴梁。那时候，北宋统治阶级享乐成风，东京表面上仍极繁荣。

李清照作为一个士大夫阶层的大家闺秀，她不仅可以划着小船，嬉戏于藕花深处，而且可以跟着家人到东京街头观赏奇巧的花灯和繁华的街景。这一切，陶冶了她的性情，丰富了她的精神生活。18岁时与赵明诚结婚。婚后，两人一同研究金石书画，过着幸福美好的生活。

1127年，北方女真族攻破了汴京，宋徽宗、宋钦宗父子被俘，高宗南逃。她与赵明诚避乱江南。后来赵明诚病死，她独自漂泊在杭州、越州、金华一带，在凄苦孤寂中度过了晚年。

目睹国破家亡，李清照"虽处忧患穷困而志不屈"，在"寻寻觅觅、冷冷清清"的晚年，她殚精竭虑，编撰《金石录》，完成丈夫未竟之功。

因此可以说李清照的作品是和"愁"字分不开的，从开始的情愁，到家破人亡的家愁，再到江山沦陷的国愁。这纷繁的愁绪令她一步步地迈上了文学圣殿。

李清照的词风以婉约为主，屹然为一大宗，人称"婉约词宗"。她的词艺术特色包括以下几方面：

首先，词之言情，贵得其真。李清照因以女性本位写自我爱情悲欢和亲历的家国巨变而获得空前成功的第一人。她的前期恋情词如《一剪梅》《凤凰台上忆吹箫》等，满怀至情，连篇痴语，自然率真最能体现女性纯诚细腻的灵性。

后期写愁的伤乱词，如《武陵春》《声声慢》《永遇乐》《孤雁儿》等篇，字字血泪，声声呜咽，一派

■ 李清照作品集

■ 李清照画像

凄楚，动魄惊心，全是发自肺腑的心声，来不得半点雕琢矫饰。

这些融合着家国之变、时代沧桑的悲慨之曲，来自情挚意浓的词人，植根于真实生活感受，是李清照坎坷生涯、悲剧人生、灾难时代的映现。

其次，熔炼家常语。李清照遣词造句，生动自然，创造了以率真为主要特色的文学语言。如"生怕离怀别苦，多少事，欲说还休"，仿佛毫不经意，冲口而出，但仔细体味，却含意多层，十分精细。

再次，善用白描法。李清照以长于白描手法创造动人的意境。如"帘卷西风，人比黄花瘦""不如向帘儿底下，听人笑语"均以直白之语，写深浓之情，有场景，有人物，有衬映。

最后，讲求韵律美。李清照论词很重视声律，所谓歌辞分五音六律、清浊轻重，她的创作实践了自

韵律 即是平仄和押韵规范。诗词创作要重视艺术性，并重几个方面，其中之一就是"韵律"，要讲究字词的搭配、音调的和谐，在这些方面，古人有许多精辟的论述，常见有《诗品》《词品》《曲品》等。

己的理论。这是由词作为一种乐诗特质决定的。李清照还善以寻常语度人音律，平淡人调殊难，奇妙而谐律，更是出神入化。

就让我们看看《声声慢·寻寻觅觅》，来感受一下这位婉约派女词人的内心世界。

《声声慢·寻寻觅觅》一题作"秋情"，词中写主人公闺中生活的淡淡哀愁。词人经历了国家危亡，故乡沦陷，丈夫病逝，金石书画全部散失，自己流落到江南，饱经离乱，所以这里的愁是深愁，浓愁，无尽的愁。

寻寻觅觅，冷冷清清，凄凄惨惨戚戚。乍暖还寒时候，最难将息。三杯两盏淡酒，怎敌他晚来风急？雁过也，正伤心，却是旧

江南 在历史上江南是一个文教发达、美丽富庶的地区，它反映了古代人民对美好生活的向往，是人们心目中的世外桃源。从古至今"江南"一直是个不断变化、富有伸缩性的地域概念。江南，意为长江之南面。在古代，江南往往代表着繁荣发达的文化教育和美丽富庶的水乡景象，区域大致为长江中下游南岸的地区。

近古时期

词坛巨擘

■ 位于济南的李清照纪念堂

李清照铜像

时相识。

满地黄花堆积，憔悴损，如今有谁堪摘？守着窗儿，独自怎生得黑？梧桐更兼细雨，到黄昏，点点滴滴。这次第，怎一个愁字了得！

上阕透过十月小阳春的冷暖无常，转写为忧愁伤神伤身。下阕描写菊花的枯槁憔悴，愁损容颜，正是李清照不幸遭遇的现实写照。

李清照作为我国古代文学史上少有的女作家，其作品中所体现的爱国思想，具有积极的社会意义。李清照还开创了女作家爱国主义创作的先河，为后世留下了一个女性爱国的光辉典范，特别是对现代女性文学的创作产生了重大影响。

诗神巨星

天才诗人与妙笔华篇

阅读链接

一年重阳节，李清照作《醉花阴》寄给丈夫："薄雾浓云愁永昼，瑞脑销金兽。佳节又重阳，玉枕纱橱，半夜凉初透。东篱把酒黄昏后，有暗香盈袖。莫道不销魂，帘卷西风，人比黄花瘦。"

赵明诚看后叹赏不已，又不甘下风，就闭门谢客三日三夜，写出五十阕词。他把李清照的这首词也杂入其间，请友人陆德夫品评。

陆德夫把玩再三，说："只三句绝佳。"赵问："是哪三句？"陆答："莫道不销魂，帘卷西风，人比黄花瘦。"赵明诚简直无语了！

南宋诗词之冠陆游

陆游（1125年—1210年），字务观，号放翁。生于南宋时越州山阴，即浙江省绍兴。南宋诗人、词人。

陆游创作诗歌很多，今存九千多首，内容极为丰富。抒发政治抱负，反映人民疾苦，风格雄浑豪放，洋溢着强烈的爱国主义激情，在思想上、艺术上取得了卓越成就，被后人誉为南宋诗词之冠。他的诗《书愤》《示儿》和词《卜算子·咏梅》等，成为世人传诵的佳作。

■ 陆游雕像

宋孝宗（1127年—1194年），赵眘，名伯琮，后改名瑗，赐名玮，字元永，宋太祖七世孙。南宋第二位皇帝。在位27年。在位期间，平反岳飞冤狱，起用主战派人士，锐意收复中原。在内政上，积极整顿吏治，重视农业生产，百姓富裕，五谷丰登，太平安乐，史称"乾淳之治"。

陆游自幼好学不倦，在饱经丧乱的生活中感受到爱国的深刻意义。20岁时与唐婉结婚，后被其母强行拆散。这种感情伤痛终其一生，《钗头凤》《沈园》等名作即是为此而作。

陆游29岁时，赴南宋首都临安应试，名列第一，因居秦桧孙子之前，又因他不忘国耻"喜论恢复"，竟在复试时被除名。

1175年，范成大镇蜀，邀陆游至其幕中任参议官。后来陆游诗名日盛，受到宋孝宗召见，但并未真正得到重用，宋孝宗只派他到福州、江西去做了两任提举常平茶盐公事。

在江西任上，当地发生水灾，陆游亲到灾区视察，并奏请开仓赈济，不料却因此触犯当道，竟以"擅权"罪名被罢职还乡。

陆游后又被起用，但他连上奏章，谏劝朝廷减轻

■ 陆游《苦寒帖》

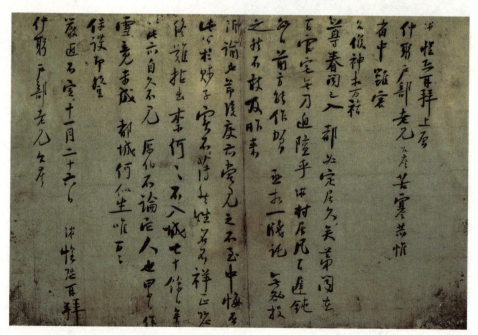

■ 陆游画像

赋税，结果反遭弹劾，以各种罪名屡罢其官。此后，陆游长期蛰居农村，于1210年与世长辞。

陆游现存诗词达到9000多首，是现存诗词最多的古代诗人。他是入选世界纪录协会中国诗歌作品存世量最多的诗人，创造了一项诗歌中国之最。

陆游创作了许多脍炙人口的诗篇，很多诗篇如《书愤》：

早岁哪知世事艰，中原北望气如山。
楼船夜雪瓜洲渡，铁马秋风大散关。
塞上长城空自许，镜中衰鬓已先斑。
出师一表真名世，千载谁堪伯仲间！

这是陆游创作的五首七言律诗《书愤》中的第一首，是作者的经典作品之一。整首诗句句是愤，字字

临安 宋室南迁，于1138年定行在于杭州，改称临安。临安原为地方政权吴越国的西府，经济基础好。被南宋选定为行在后，便扩建原有吴越宫殿，增建礼制坛庙，疏浚河湖，改善交通等，使之成为全国的政治、经济、文化中心。直至1276年南宋灭亡。

■ 陆游《剑南诗》

是愤。以愤而为诗，诗便尽是愤。全诗感情沉郁，气韵浑厚，显然得益于杜甫。

中两联属对工稳，尤以颔联"楼船""铁马"两句，雄放豪迈，为人们广泛传诵。这样的诗句出自他亲身的经历，饱含着他的政治生活感受，是那些逞才摘藻的作品所无法比拟的。

《示儿》：

死去元知万事空，但悲不见九州同。
王师北定中原日，家祭无忘告乃翁。

这首诗是陆游的绝笔。他在弥留之际，还是念念不忘被女真贵族霸占着的中原领土和人民，热切地盼望着祖国的重新统一，因此他特地写这首诗作为遗嘱，谆谆告诫自己的儿子。

从这里我们可以领会到诗人的爱国激情是何等地执着、深沉、热烈、真挚！无怪乎自南宋以来，凡是

女真 又名女贞、女直，是我国古代生活于东北地区的古老民族，是现今满族、赫哲族和鄂伦春族等的前身。女真于1616年建立后金政权，至1636年，皇太极改女真族号为满洲，"女真"一词就此停止使用，后来满洲逐渐形成了今天的满族。

读过这首诗的人无不为之感动，特别是当外敌入侵或祖国分裂的情况下，更引起了无数人的共鸣。

这首诗用笔曲折，情真意切地表达了诗人临终时复杂的思想情绪和他忧国忧民的爱国情怀，既有对抗金大业未就的无穷遗恨，也有对神圣事业必成的坚定信念。全诗有悲的成分，但基调是激昂的。诗的语言浑然天成，没有丝毫雕琢，全是真情的自然流露，但比着意雕琢的诗更美，更感人。

《示儿》是中华民族宝贵的文化遗产，诗中所表现的爱国热诚催人泪下，发人深省。这首诗里"但悲不见九州同"的哀音，对祖国统一，认同回归，仍然是一个有力的呼声。

陆游的诗词可谓各体兼备，无论是古体、律诗、都有出色之作，尤以七律写得又多又好。在这方面，陆游继承了前人的经验，同时又富有自己的创作。

在陆游的七律中，确是名章俊句层见叠出，每为人所传诵，如《黄州》中的"江声不尽英雄恨，天

《黄州》此诗是作者作于宋孝宗乾道六年，即1170年，当时陆游正西行入蜀，船过黄州时，他看到前代的遗迹，想起当时的艰危，慨叹英雄已经不在了，顾自身飘零，因此，无限伤感油然而起，写成此诗。故题名为《黄州》。

绍兴沈园内的陆游塑像

意无私草木秋";《枕上作》中的"万里关河孤枕梦，五更风雨四山秋"；等等。这些佳作佳句，壮阔雄浑，清新如画，不仅对仗工稳，而且流走生动。

除七律外，陆游在诗歌创作上的成就当推绝句。他的诗风格豪放，气魄雄浑，近似李白，故有"小太白"之称。

陆游的诗始终贯穿着炽热的爱国主义精神，不仅在同时代的诗人中显得很突出，在我国文学史上也是罕见的。陆游的诗虽然呈现着多彩多姿的风格，但从总的创作倾向看，还是以现实主义为主。

他继承了屈原等前代诗人忧国忧民的优良传统，并立足于自己的时代而进行了出色的发挥。他的爱国诗歌在后代有深远的影响。特别是清末以后，国势倾危，其爱国诗歌往往成为鼓舞人民反抗外来侵略者的精神力量。

诗神巨星 天才诗人与妙笔华篇

阅读链接

陆游迫于母命与唐婉分离后，在10年后的一个春天，两人在沈园意外相遇。当时唐婉和改嫁后的丈夫赵士程在一起。陆游想到唐婉已属他人，悲痛之情顿时涌上心头。

他当场在粉墙之上奋笔题下《钗头凤》这首千古绝唱。然后深情地望了唐婉一眼，怅然而去。

唐婉孤零零地站在那里，将这首《钗头凤》词从头至尾反复看了几遍，她再也控制不住自己的感情，失声痛哭。回到家后，她愁怨难解，于是和了一首《钗头凤》词。不久，唐婉便郁闷愁怨而死。

爱国诗人文天祥

文天祥（1236年—1283年），初名云孙，字履善，又字宋瑞，自号文山、浮休道人。生于南宋时吉州庐陵，即今江西省吉安市。宋末政治家、文学家、爱国诗人，抗元名臣。生平事迹被后世称许，与陆秀夫、张世杰被称为"宋末三杰"。其诗《过零丁洋》《正气歌》脍炙人口，久为传颂。著有《文山诗集》《指南录》《指南后录》《吟啸集》《文山先生集》等。

文天祥的"人生自古谁无死，留取丹心照汗青"成为千古名句，名垂千古，光耀史册，对后世影响十分深远。

■ 爱国诗人文天祥画像

■ 宋理宗 （1205年—1264年），赵昀，绍兴府人，宋皇室宗戚，赵匡胤之子赵德昭的九世孙。原名赵与莒，1222年被立为宁宗弟沂王嗣子，赐名贵诚，1224年立为宁宗皇子，赐名昀。宋宁宗驾崩后，赵昀被权臣史弥远拥立为帝，史称"宋理宗"。

文天祥在童年的时候，就非常仰慕英雄人物，尤其喜欢读忠臣良将一类的传记。文天祥的父亲文仪是个读书人，一生不做官。他嗜书如命，只要书本在手，就废寝忘食，经常一盏孤灯，通宵苦读。

他的学问十分渊博，对经史诸子百家无不精研，甚至天文、地理、中医、占卜之书也广泛涉猎。文仪对劳苦的乡里人民充满了同情，有读书补世的志向。文天祥文辞出众，父亲文仪的教育实在居功至伟。

21岁那年，文天祥到京师临安参加科举考试。殿试时，考官把他的卷子列为第七名，宋理宗亲临集英殿阅读考生的卷子，把文天祥的卷子提为第一名。

当时参与复审的著名学者王应麟在旁称赞道："这份卷子，议论卓绝，合乎古圣先贤之大道。文中表现出忠君爱国之心，坚如铁石。我为陛下得到这样的人才致贺！"卷子是密封的，拆开一看，考生姓名是文天祥。

宋理宗觉得很吉利，高兴地说："天祥，天祥，这是天降的吉祥，是宋朝有瑞气的预兆。"此后，人们就以"宋瑞"为天祥的字。

1259年，蒙古人向南宋发动大规模的入侵战争。九月，忽必烈围鄂州。消息传到临安，朝野震动。文天祥知道自己人微言轻，且多言招祸，可面对社稷人民，他选择毫不犹豫地挺身而出，向皇帝上疏，建议改革政治，扩充兵力，抗蒙救国。可惜朝廷没有采纳他的建议。

文天祥见朝廷权奸当道，自己的改革设想落空，甚感失望，既不愿尸位素餐，混迹官场，更不愿同流合污，宁愿暂时置身于政治旋涡之外。所谓"邦有道则仕，邦无道则隐"，这就是文天祥的处世哲学。他深感人心险恶，世道污浊，决意归隐林泉。

他在文山修建了一所山庄，隐居于此，寄情山水，写下了不少优美的诗篇。然而，他的内心一点也不宁静，每见落叶萧萧，凉月堕阶，忧国忧民之情就油然而生。

1273，朝廷起用他为湖南提刑，掌管狱讼，他推辞不了，唯有启程上任。

1274年，文天祥被委任为赣州知州。赣州紧邻他的家乡，在赣州上任期间，他办事分外勤谨，主张对人民少用刑罚，多用义理，所属各县的人民对他都非常地爱戴，加以这年风调雨顺，稻谷丰收，出现了短

知州 古代官名。宋以朝臣充任各州长官，称"权知某军州事"，简称知州。"权知"意为暂时主管，"军"指该地厢军，"州"指民政。明、清以知州为正式官名，是各州行政长官，直隶州知州地位与知府平行，散州知州地位相当于知县。

■ 文天祥遗墨

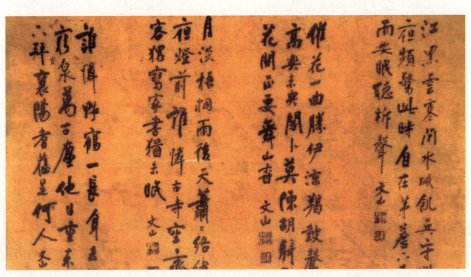

■ 文天祥画像

暂的安乐景象。

但不到一年，蒙古大举南侵，南宋到了最危险的时刻。文天祥积极要求奔赴前线阻击蒙元，妄图扭转战局，但遭到朝廷中主和派权臣的阻挠。文天祥愤而上疏抗辩，社会舆论普遍支持他。

在各方面的压力下，朝廷终于颁旨召文天祥领兵入京。1275年8月，部队到达临安，一路秋毫无犯，文天祥声望大增。

1276年正月，蒙古铁骑三路兵马围困临安，城内城外，宋朝将官降的降、逃的逃，全成汉奸。太皇太后命文天祥为右丞相兼枢密使，收拾残局。

文天祥见事已至此，不可推辞，答应出使蒙元大营，以便一窥虚实，见机行事。文天祥以堂堂然的态度和蒙古交涉，却被蒙古统帅伯颜扣留。后来逃脱。

1278年12月20日，文天祥不幸在五坡岭被一支偷袭的蒙古铁骑俘获。他吞下二两龙脑自杀守节，但药力失效，未能殉国。

文天祥战败被俘。在当时，蒙古兵的元帅、汉奸张弘范率水陆两路军直下广东，要消灭南宋流亡政府，文天祥被他们用战船押解到珠江口外的伶仃洋。

张弘范派人请文天祥写信招降张世杰，文天祥拒

龙脑 即冰片，又名片脑、桔片、龙脑香、梅花冰片、羯布罗香、梅花脑、冰片脑、梅冰等，是龙脑香科植物龙脑香的树脂和挥发油加工品提取获得的结晶，是近乎于纯粹的右旋龙脑。

写招降书，但写了一首七言律诗，表明自己的心迹。

这首诗就是流芳千古的《过零丁洋》。诗写道：

辛苦遭逢起一经，干戈寥落四周星。
山河破碎风飘絮，身世浮沉雨打萍。
惶恐滩头说惶恐，零丁洋里叹零丁。
人生自古谁无死？留取丹心照汗青！

这是一首永垂千古的述志诗。在写作方法上，全诗以概括的手法描述了作者一生中的重大事件，融合叙事与言志，慷慨悲凉，感人至深。

诗歌前面六句渲染了忧愤悲苦的情调，结尾两句转而谱写出激情慷慨的绝唱，这样的情调转换收到了震撼人心、感天动地的效果。

全诗格调沉郁悲壮，浩然正气贯长虹，是一首动天地、泣鬼神的伟大民族主义诗篇。

1279年，文天祥被押送抵达大都，安置在馆驿。元世祖忽必烈赞赏文天祥的才干，于是他便派已降的南宋恭帝及许多降臣来劝诱他，但文天祥不为所动，严词拒绝，后被关进兵马司牢房。文天祥在被关押的3年期间，书写了几百篇诗词文章，以抒发他的爱国之情。

1281年夏季，在暑气、腐气、秽气的熏蒸中，文天祥慷慨挥毫，在牢

述志诗　由东汉仲长统创作的诗歌。体现诗人对黑暗现实的一种绝望的愤激，及对人生的热爱和生命价值的珍惜。在艺术上，述志诗是完美的四言诗，气势雄伟，富于浪漫主义的奇特想象，从语言到形象充满瑰丽雄壮的阳刚之美与痛快淋漓的风格。

■ 文天祥浮雕像

中写了千古流传、掷地有声的铿锵之作《正气歌》。

文天祥在《正气歌》的中写道：

诗神巨星
天才诗人与妙笔华篇

天地之间正气存，赋予形体杂纷纷。

地上江河与山岳，天上日月和繁星。

人有正气叫浩然，充塞环宇满盈盈。

生逢圣世清明年，平平和和效朝廷。

国难当头见气节，永垂青史留美名。

我心悲伤悠绵绵，好似苍天哪有边？

贤哲虽然已远去，榜样令我心更坚。

檐心展读圣贤书，光华照彻我容颜。

《正气歌》是文天祥在元大都的监狱中创作的。该诗慷慨激昂，充分表现了文天祥的坚贞不屈的爱国情操。开卷点出狱中有"水、土、日、火、米、人、秽"七气，而文天祥说要"以一正气而敌七气"，歌中吟道："哲人日已远，典刑在夙昔。风檐展书读，古道照颜色。"乃千古绝唱。

这首诗慷慨激昂，充分表现了文天祥的坚贞不屈的爱国情操。诗人认为，山河日月等都是正气赋予的形体，对于人来讲，有了正气，在太平情况下，能发挥才能，为国家的繁荣昌盛尽力；在国家危难之际，能表现出坚贞不渝的节操。

一个人的正气得到发扬，生死就会置之度外。历史上的英雄圣贤是他学习的榜样，他们的崇高精神和传统美德一直鼓舞着他。

全篇感情炽烈，慷慨悲壮，大义凛然，表现了崇高的民族气节。尽管作者对"正气"的阐述具有明显的唯心主义色彩，所坚持的伦理观念是属于封建主义思想范畴的，所举历史人物也并非全都值得称道，但全篇所表现出的强烈爱国主义精神和昂扬的斗志，对后世产生了巨大的教育作用。

1283年初，元朝侦知有人联络数千人，要起兵反元，营救文天祥。元世祖忽必烈亲自提审，作最后的劝降，并许诺授予丞相官职。面对元世祖，文天祥拒绝所有高官厚禄，说："我是大宋的宰相。国家灭亡

丞相 也称宰相，是我国古代官名。丞相制度，起源于战国。秦朝自秦武王开始，设左丞相、右丞相，但有时也设项邦，秦统一以后只设左、右丞相。吕后至汉文帝刘恒初年，设左、右丞相，以后只设一位丞相。

■ 文天祥祠的正门

了，我只求速死。不当久生。"

临牺牲时，他向南方跪拜，说："我的事情完结了，心中无愧了！"于是引颈就刑，从容就义。

后人评价他："名相烈士，合为一传，三千年间，人不两见。""事业虽无所成，大节亦已无愧。"肯定他为国捐躯的壮举。

文天祥给我们留下了大量的诗、词和散文作品。其中的诗作达百余首，成就很高。他的诗篇，在南宋诗坛上占有重要的地位，在我国文学史上写下了光辉的一页。

阅读链接

1282年，元世祖忽必烈问大臣们："南方和北方的宰相，谁最贤能？"群臣奏称："北人无如耶律楚材，南人无如文天祥。"忽必烈下了谕旨，拟授文天祥高官显位。投降元朝的宋臣王积翁等写信告诉文天祥，文天祥回信说："管仲不死，功名显于天下；天祥不死，遗臭于万年。"王积翁见他如此决断，不敢再劝。不久，忽必烈又下令优待文天祥，给他上等饭食。文天祥请人转告说："我不吃官饭数年了，现在也不吃。"忽必烈召见文天祥，当面许他宰相、枢密使等高职，又被他严词拒绝，并说："但愿一死！"

明清两代是我国历史上的近世时期。明清两代历时500余年，诗词方面名家辈出，流派众多。明初高启的诗作雄浑豪俊，气象磅礴。清代诗坛涌现出大量诗人和诗作，数量均远胜唐诗。

"纳兰词"在清代以至整个中国词坛上都享有很高的声誉；袁枚的诗句语含禅机，成乾嘉时期一大风景；龚自珍的诗打破模山范水格局，表达了对社会改革的愿望。

明清两代诗词成就虽无法超唐越宋，但有高启、纳兰性德、袁枚、龚自珍独领风骚，堪称唐宋后劲，影响至今。

近世时期

诗词大家

明初诗人之冠高启

　　高启（1336年—1373年），字季迪，号槎轩，自号青丘子。江苏苏州人。元末明初著名诗人。他与杨基、张羽和徐贲并誉为"吴中四杰"。高启有诗才，其诗清新超拔，雄健豪迈，尤擅长于七言歌行。他的诗体制不一，风格多样，学习汉魏晋唐诸体，均有模拟痕迹。不过他才思俊逸，诗歌多有佳作，为明代最优秀诗人之一。

　　高启诗才天授，改变了元末以来缛丽的诗风，后人尊称他为"明初诗人之冠"。有诗集《高太史大全集》和《缶鸣集》等。

■ 元末明初著名诗人高启画像

■ 朱元璋（1328年—1398年），字国瑞，原名朱重八，后取名兴宗。濠州钟离人。明朝开国皇帝，在位31年，谥号"开天行道肇纪立极大圣至神仁文义武俊德成功高皇帝"，庙号太祖。推翻了元朝的统治，其统治时期被称为"洪武之治"。

高启出身富家，童年时父母双亡，生性警敏，读书过目成诵，久而不忘。长大后嗜好诗歌，常与张羽、徐贲、宋克等人在一起切磋诗文。

元朝末年，天下大乱，张士诚据吴称王。为应对时局计，淮南行省广纳人才，时年16岁的高启被招为幕僚。但他厌恶官场，23岁那年借故离开，隐居于吴淞江畔的青丘。

1368年，高启应召入朝，授翰林院编修，以其才学，受到朱元璋赏识，朱元璋又命他教授诸王，纂修《元史》。但高启为人孤高耿介，厌倦朝政，不羡功名利禄。因此，朱元璋于1370年秋委任他为户部右侍郎时，他固辞不受，被赐金放还。但朱元璋怀疑他作诗讽刺自己，就对他产生忌恨，后来将他处死。

把高启送上刑场的是一篇《上梁文》。古代平常人家盖房子上大梁时，都要摆上猪头祭神，点上鞭炮驱鬼，作为苏州治所的官方办公大楼建造，更要有一篇像样的上梁文才是那么一回事。

当时任苏州知府的魏观，便把这位隐居在此地的资深文人高启请出来挥墨献宝。这本是一件很正常、

鞭炮 起源至今有2000多年的历史。最早称为"爆竹"，是指燃竹而爆，因竹子焚烧发出噼噼啪啪的响声，故称爆竹。鞭炮最开始主要用于驱魔避邪，而在现代，在传统节日、婚礼喜庆、各类庆典、庙会活动等场合几乎都会燃放鞭炮，特别是在春节期间，鞭炮的使用量超过全年用量的一半

午疫深沉庭院悄玉人夢
醒聞啼鳥鬆雲重翠金
斜羅襪生香鳳鞋小蓮花
滿路金步搖六銖衣薄裁
絞綃破顏一咲生百媚金
屋何須貯阿嬌花妖爲秋
三思宅嬋嫁退縮無蹤跡
魚沉水底浪痕圓鴈落秋
宝楚天碧疑是陽臺爲雨
歸香汗氤氳蘭麝飛暗大
歡娛卜靈課默無一語立
斜暉

李迪題

诗神巨星
天才诗人与妙笔华篇

■ 高启《题侍女图诗》页

杨基 元末明初诗人。字孟载，号眉庵。原籍今四川乐山，大父仕江左，明初十才子之一。元末，曾入张士诚幕府，为丞相府记室，后辞去。他的诗风清俊纤巧，其中五言律诗《岳阳楼》境界开阔，时人称杨基为"五言射雕手"。

很平常的事情，却让朱元璋抓住了把柄。

一是魏观修建的知府治所选在了张士诚宫殿遗址，而张士诚正是朱元璋当年的死对头；二是高启写的那篇《上梁文》中，有"龙盘虎踞"的字眼，这更犯了朱元璋的大忌，结果被朱元璋以腰斩刑处死。

高启青年时代即有诗名，与杨基、张羽、徐贲合称"吴中四杰"。但他死于盛年，尚未能够达到自成一家的境界。

高启有诗才，其诗清新超拔，雄健豪迈，尤擅长于七言歌行。他的诗体制不一，风格多样，学习汉魏晋唐诸体，均有模拟痕迹。不过他才思俊逸，诗歌多有佳作，为明代最优秀诗人之一。

高启因长期居于乡里，所以他的部分诗歌如《牧牛词》《捕鱼词》《养蚕词》《田家行》和《看刈禾》等，描写了农民劳动生活。这些作品，是高启诗歌中的精华部分。

比如，他在《黄氏延绿轩》中写道：

葱葱溪树暗，靡靡江芜湿。
雨过晓开帘，一时放春入。

这首五言绝句写的是春景。一开篇用"葱葱"两个叠音词写景抒情，收到了很好的艺术效果；一个"暗"字，写出了"溪树"的色调质感。诗的最后两句，想象新奇：雨后开帘，满野春色一齐涌进房中来，这是我们都感受过却不易写出的情景。

高启的田园诗没有把田园生活理想化，而是在一定程度上反映了阶级剥削和人民疾苦。

如《湖州歌送陈太守》写道："草茫茫，水汨汨。上田芜，下田没，中田有麦牛尾稀，种成未足输官物。侯来桑下摇玉珂，听侬试唱湖州歌。湖州歌，悄终阕，几家愁苦荒村月。"

又如《练圻老人农隐》《过奉口战场》等诗，还

张羽（1323年—1385年），字来仪，更字附凤，号静居，元末明初浔阳，今江西九江人，与高启、杨基、徐贲称"吴中四杰"，又与高启、王行、徐贲等十人，人称"北郭十才子"，亦为明初十才子之一。官至太常丞，工诗善画，山水宗法米氏父子。

133
近世时期
诗词大家

■ 高启故居

赵翼 字云崧，一字耘崧，号瓯北，又号裘萼，晚号三半老人。江苏阳湖，即今江苏省常州市人。清代文学家、史学家。与袁枚、张问陶并称清代性灵派三大家。所著《廿二史札记》与王鸣盛《十七史商榷》、钱大昕《二十二史考异》合称三大史学名著。

描写了农民在天灾兵燹下的苦难生活。

高启诗在艺术上有一定特色。首先，他的某些诗崇尚写实，描摹景物时细致入微。如"江黄连渚雾，野白满田冰""鸟啄枯杨碎，虫悬落叶轻"等句，均产生于生活实感，新颖逼真。

其次，注重含蓄，韵味深长。如《凿渠谣》中："凿渠深，一十寻；凿渠广，八十丈。凿渠未苦莫嗟吁，黄河曾开千丈余。君不见，贾尚书。"只是寥寥数句，收煞处戛然而止，给人深远的回味。

再次，用典不多，力求通畅，有些只有数句的小诗，更具有民歌风味。如《子夜四时歌》之二："红妆何草草，晚出南湖道。不忍便回舟，荷花似郎

■ 高启故居

好。"明白如话，亲切动人。这些诗的创作，与他乡居时多与下层人民接近有关。

最后，高启学什么像什么。用纪晓岚的话说就是"拟汉魏似汉魏，拟六朝似六朝，拟唐似唐，拟宋似宋，凡古之所长无不兼之"。

不过，高启的这种模仿，绝不是流于形式和外表，更不是简单的拷贝和删减，而是"兼采众家之长"，丝毫没有"偏执之病"。

而高启在文学上的最大成就，便是挑起了发展诗歌的重担，并改变了元末以来缛丽不实的诗风，从而推动了诗歌的继续发展。

鉴于高启在诗歌方面所做出的巨大贡献，不仅后人尊称他为"明初诗人之冠"，而且历代诗评家也都对他给予了极高的评价，对后世十分具有影响性。因此，清人赵翼在《瓯北诗话》中推崇他为清朝"开国诗人第一"。

阅读链接

高启诗中十之八九是个人述志感怀、游山玩景以及酬答友人之作。这类诗歌，有时也对统治阶级微露讽刺。如五古《寓感》其七云：

> 大道本夷直，末路生险巇。
> 杯酒出肺肝，须臾起相疑。
> 田蚡排窦婴，赵高诬李斯。
> 倾挤不少假，权宠实灾基。

这首诗对统治阶级的内部矛盾进行了揭露。又如他去官后的《太白三章》之三："新丰主人莫相忽，人奴亦有封侯骨。"实际上是讥讽明朝新贵。但高启思想比较复杂，他也写了不少感沐皇恩、遁世消极的诗，也没有能够摆脱自身的阶级局限性。

明末宗工巨匠李攀龙

　　李攀龙（1514年—1570年）字于鳞，号沧溟，生于历城，即今山东省济南市。明代著名文学家。他继文学流派"前七子"之后，与谢榛、王士祯等倡导文学复古运动，为"后七子"的领袖人物，被尊为"宗工巨匠"。主盟文坛20余年，其影响及于清初。

　　李攀龙的各体诗作之中，以七律和七绝较为突出，特别是他的七律声调清亮、词采俊爽；七绝既表现自然，又有顿挫变化。

　　李攀龙编的《古今诗删》，选各代之诗，影响颇大，后又摘取其中唐代诗歌编为《唐诗选》，成为当时通行的学塾启蒙读本，明清两代，影响超过《唐诗三百首》。

■ 李攀龙雕像

李攀龙幼年丧父，家境贫寒，刻苦自学。1544年中进士，此后，历任顺天乡试同考官、刑部广东司主事、刑部员外郎、刑部山西司郎中，官凡三迁，辗转郎署，官职闲散。

在此期间，他与王士祯、谢榛、宗臣、吴国伦、梁有誉、徐中行等诗酒唱和，旨趣一致，遂结为诗社。其论诗主张，与明代"前七子"相倡和，形成一个新的文学流派，史称"后七子"。

他们的文学主张的基本内容，即文主秦汉，诗规盛唐，继"前七子"的文学复古运动，为彻底改变"台阁体"统治文坛的局面而斗争。李攀龙集中的拟古乐府，是其文学主张的具体实践。

1553年，李攀龙出守顺德，也就是后来的河北邢台市，为顺德知府。3年任期中，他政绩卓著，做了一些既有利于巩固明王朝统治而又给百姓带来一定利益的事。如请蠲民税，减轻百姓负担；政刑宽简，民无冤情；增设驿站，减轻人民劳役负担等。

与此同时，他的诗文创作，也取得一定成就。无

近世时期

诗词大家

谢榛（1495年—1575年），明代布衣诗人。字茂秦，号四溟山人、脱屣山人，山东临清人。16岁时作乐府商调，流传颇广，后折节读书，刻意为歌诗，以声律有闻于时。嘉靖间，挟诗卷游京师，与李攀龙、王士祯等结诗社，为"后七子"之一。

台阁体 明朝永乐至成化年间，文坛上出现一种所谓"台阁体"诗。台阁主要指当时的内阁与翰林院，又称"馆阁"。台阁体是指以当时馆阁文臣号称"三杨"的杨士奇、杨荣、杨溥等为代表的一种文学创作风格。

■ 李攀龙藏书处白雪楼

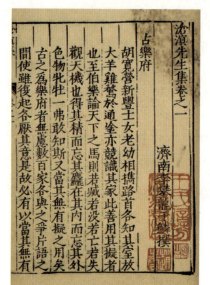

■ 李攀龙传记

按察司提学副使
宋代置提举学事司掌地方学政。元朝改为儒学提举司提举。明朝由提刑按察使司副使任职各省提督学道。学政使、佥事等兼道，清朝改为提举学政，简称学政，各省一名，官位与总督或巡抚平行，掌学政及考试。清末改为"提学使"。

论赠答抒怀，还是描山摹水，或是关心时政之作，都各具特色。如《登黄榆、马陵诸山是太行绝顶处四首》《春兴》等，均是这一时期的代表作品。

1556年夏，李攀龙被提升为陕西按察司提学副使。到任不久，因为他不能忍受陕西巡抚殷学挟势倨傲的作风，以母老归养为由，上疏乞归，旨未下即拂衣辞官。

在职虽不满一年，李攀龙足迹却遍及区内，在视察府州县学的同时，也游览了各地的名山胜迹。《抄秋登太华山绝顶四首》，便是这一时期的最佳诗作。

由陕归来，李攀龙在家乡筑白雪楼，隐居高卧，杜门谢客，不与权贵往来，一些达官显贵以其接见为荣，学人士子更以其品评来衡定自己的身价。因此"闻望茂著，自时厥后，操海内文柄垂二十年"。

这一时期是李攀龙诗文创作的重要时期，所写诗文，殆占《沧溟集》之太半，因而其诗文最初结集曾名为《白雪楼集》。

此间，诗歌以吟咏故乡湖光山色之作成就最高，《与转运诸公登华不注绝顶》《青萝馆二首》《抄秋同右史南山眺望》《酬张转运龙洞之作》以及《挽王中丞八首》等，是其代表性作品。

隆庆改元，即1567年，李攀龙重新进入政坛，出任浙江按察司副使，两年后，升职为河南按察使。

在浙江任职期间，李攀龙曾写诗赞美以"戚家军"为主体的抗倭军将，表现深厚的爱国之情。在河南任职4个月，老母病故，他扶柩归里。本来病弱，加上持丧哀痛过甚，遂卧病不起，第二年暴疾而卒，终年58岁。

李攀龙的各体诗中，以七律和七绝较优。其七律声调清亮、词采俊爽。他以"金牛忽见湖中影，铁骑初回海上潮"来勾勒保俶塔下的西湖，以"浮沤并结金凫丽，飞窦双衔石瓮圆"来形容龙洞山的金凫和石瓮情况，虽嫌体物呆滞，但也还能传神。

他以"明时抱病风尘下，短褐论交天地间"来表现南北奔波的布衣诗人谢榛，以"自昔风尘驱傲吏，还能伏枕向清秋"来刻画好友王士禛，也较形像。但其构思、用词多见雷同。

他的某些七绝，也还写得自然，还能注意顿挫变

戚家军 1559年成军于浙江义乌，总兵力4000人，主力是义乌东阳的农民和矿工。戚家军因为戚继光而得名，是明朝的一支很有名气的军队，戚家军赖以成名的是严明的军纪，职业化的训练水平，东亚最先进的装备，以及百战百胜的战绩。

139

近世时期

诗词大家

■ 多次修缮后的白雪楼

化，如《和聂仪部明妃曲》：

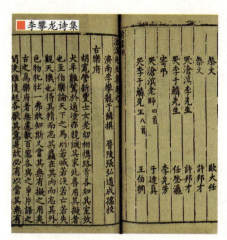

李攀龙诗集

天山雪后北风寒，抱得琵琶马上弹。
曲罢不知青海月，徘徊犹作汉宫看。

其诗意味隽永，静韵深长。清代诗人沈德潜品评此诗说："不着议论，而一切着议论者皆在其下。"

李攀龙诗文，由其友人、"后七子"领袖之一的王士祯整理编集为30卷，题《沧溟先生集》，其后屡有翻刻，历百年而不衰。

李攀龙所编《古今诗删》，选各代之诗，影响颇大，后又摘取其中唐代诗歌编为《唐诗选》，成为当时通行的学塾启蒙读本，明清两代，影响超过《唐诗三百首》。

诗神巨星

天才诗人与妙笔华篇

阅读链接

据说，李攀龙居家10年，在历城郊外，鲍山之侧，筑了一栋白雪楼，楼前草蔓丛生，百花盛开，中间却有一条小路，被踩得非常光滑，这条路一直到白雪楼的台阶檐下。而台阶上面却又长满青草。那么这是为什么呢？

原因是虽然白雪楼的楼门设在这里，但李攀龙却常常都是关着门的。在他居家期间，慕他盛名而来的人，络绎不绝，其中既有文学青年，背着一麻袋诗词，想要找李攀龙指导；也有官场新贵，想请他去提振文化产业。

而后者，李攀龙大都是拒绝的。来找李攀龙的人一多，他家门前的小路自然就被踩得很光滑了。但是，又由于他真正接待的人并不多，所以，楼门前的台阶上自然也就长满了青草。

清初著名诗宗王士祯

　　王士祯（1634年—1711年），字贻上，一字子真，号阮亭，别号渔洋山人。济南府新城县人。清初杰出的诗人、学者、文学家，他为清初名噪一时的"神韵派"领袖。王士祯博学好古，能鉴别书、画、鼎彝之属，精金石篆刻，诗为一代宗匠，与朱彝尊并称。康熙时继钱谦益而主盟诗坛。

　　王士祯早年诗作清丽澄淡，中年以后转为苍劲，擅长各体诗，尤工七绝。

　　王士祯一生勤于著述，所著数十种均得以传世。其诗文总集为《带经堂集》，是在他去世的前一年由他口授、其子启汧编次成册，总共92卷。

■ 清初杰出诗人王士祯画像

■ 钱谦益 （1582年—1664年），字受之，号牧斋，晚号蒙叟，东涧老人。学者称虞山先生。清初诗坛的盟主之一。常熟人。明万历三十八年，即1610年中进士，他是东林党的领袖之一，官至礼部侍郎，因与温体仁争权失败而被革职。

王士禛出生在一个世代官宦家庭。他5岁入家塾读书。六七岁的时候读《诗经》。明朝灭亡时，他年仅10岁，没有太多的历史宿账和感情包袱，而作为一个读书人，他又必须把个人的前途和新王朝联系在一起，这是了解他的诗歌创作的前提。

1658年，22岁的王士禛考中了进士，后升迁至刑部尚书，文名渐著。第二年被选为扬州推官，其诗受到诗坛盟主钱谦益的称赞，并希望他代己而起，主持风雅。

钱谦益去世后，王士禛成为一代正宗。23岁游历济南，他邀请在济南的文坛名士，集会于大明湖水面亭上，即景赋秋柳诗四首，此诗传开，大江南北一时和作者甚多，当时被文坛称为"秋柳诗社"，从此闻名天下。后人将大明湖东北岸一小巷名"秋柳园"，指为王士禛咏《秋柳》处。

在扬州任职五年，王士禛写下了很多诗词和游记。1662年，他与张养重、邱象随、陈允衡、陈维崧等修禊红桥，在此期间王士禛所作的《浣溪沙》中，编有《红桥唱和集》。

1664年春，他又与诸名士修禊红桥，赋《冶春绝句》，其中"红桥飞跨水当中，一字栏杆九曲红。

修禊红桥 红桥也称虹桥，人称瘦西湖第一景，数百年来历代文人所赋予的人文内涵。修禊，源于周代的一种古老习俗，即农历三月上旬"巳日"这一天，人们相约到水边沐浴、洗濯，借以除灾去邪，古俗称之为："祓禊。"后文人饮酒赋诗的集会，也称修禊。

日午画船桥下过，衣香人影太匆匆"一首，唱和者甚众，一时形成"江楼齐唱冶春词"的繁荣盛况。诗人的红桥修禊，使得冶春社和红桥成为文化胜地。

据《扬州画舫录》记载：

> 贻上司理扬州，日与诸名士游宴，于是过广陵者多问红桥矣。

冶春和红桥，因王士禛的诗文蜚声文坛，扬州，也因王士禛的红桥修禊而成为清初士大夫的向往之地。正是这些诗词作品的广泛流传，使王士禛在诗坛和官场名声鹊起，成为清朝文坛的一代宗师。

1665年，王士禛升任户部郎中，到京城为官。当时的京城才人墨客云集，为王士禛施展才华提供了舞台，他在诗歌创作中提出"神韵"说，开一代诗风。王士禛多才多艺，有大量名篇传世，他写景的诗文尤其为人称道，所作小令中的"绿杨城郭是扬州"一句，被当时许多名画家作为画题入画。

■ 王士禛《放鹇图》局部

王士祯的才华很快得到了康熙皇帝的赏识，康熙皇帝称其"诗文兼优""博学善诗文"。 1678年，王士祯受到皇帝的召见，并很快成为清朝汉臣由部曹充词臣的第一人。康熙皇帝还下诏要王士祯进呈诗稿，这在当时是十分罕见的殊荣。

王士祯遂选录自己300篇诗作进奉，定名《御览集》。从此，王士祯平步青云，常常得到御赐字画，还多次参加重要宴饮。

当时，王士祯诗名扬天下，官位也不断迁升，成为清初文坛公认的盟主，一时间，诗坛新人、文坛后辈到京城求名师指点作品，往往首先拜见王士祯，如能得其一言片字褒奖，就会声名鹊起。据说，写作《聊斋志异》的蒲松龄就受到了他的指点。

1698年，王士祯晋升为刑部尚书，达到了他政治生涯的顶峰。身为刑部尚书的王士祯恩宠一时，为其

■ 王士祯铜像

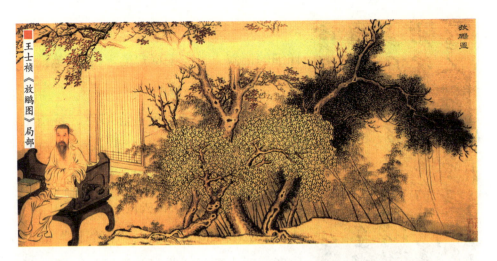

王士禛《放鹇图》局部

家族带来了巨大荣耀，其祖父母、父母、亡妻都受到加封。

其间，王士禛因公多次出使外地，途经河北、河南、陕西等地，远涉广东、四川。祖国各地的奇山异水无不触发出他的创作灵感，使他诗兴大发，所以，每到一地他都会留下不少诗篇。尤其是巴蜀之行，巴山蜀水的奇异曾一度使他诗风大变，写出了迥异于前期诗风的雄放之作。

不过，人生无常，人事莫测。在仕途和诗坛上春风得意数十载的王士禛，最后的结局却是被借故罢官而结束了仕途生涯。

1704年，71岁的王士禛出任刑部尚书后不久，因受王五案牵连，被以"瞻徇"罪革职回乡。朋友们知道他无辜，纷纷劝其上疏申辩。王士禛却超然地放弃了申诉的权利，轻车回乡。

一生清廉、身无长物的王士禛罢官后，虽然生活清苦，但他恬然自安，唯有闭门著书，整理自己的著作。也许只要有诗书陪伴，仕途的顺利与否对他已不重要了。

王士禛被罢官后，曾长期在山中别墅居住，登峰观瀑，临池戏鱼。有时登临会仙高峰，遥望清河碧带，茅庄湖帆，乘兴吟哦"东山清风来，西涧凉雨度"。

兴致高时，仰天长啸，空谷传响，极为惬意。他的《长白山录》

王士禛草书《旧作二首·宫柳烟舍六代愁》

对长白山周围的自然景色、山川风物作了详细的记叙，《夫于草堂集》《香祖笔记》等，也是在这里写成的。

1710年，康熙皇帝眷念旧臣，特诏王士禛官复原职，但当时的王士禛已是风烛残年，无力去亲自谢恩了。第二年，78岁的一代文坛盟主王士禛去世。

王士禛是清初诗坛上"神韵说"的倡导者。后人所辑《带经堂诗话》，反映了他的论诗主张。

王士禛论诗以"神韵"为宗，而其渊源则本于司空图和严羽。他鼓吹"妙悟""兴趣"，以"不着一字，尽得风流"为诗的最高境界。强调淡远的意境和含蓄的语言。

王士禛的诗歌创作，早年从明七子入手，"中岁逾三唐而事两宋"，晚年又转而宗唐，但是在这三次转变中，提倡"神韵说"是贯穿始终的最能体现王士禛"神韵说"理论，并且写得好的是他的七言绝句。

阅读链接

据说，晚年退居故里的王士禛，曾一度遭到甥婿赵执信的反对。赵执信在《谈龙录》中指责王士禛"诗中无人"，谓其不知诗，批评神韵说的纯艺术化倾向。

这场翁婿之间的争论曾引发了当时诗坛大论战，尽管王士禛没有积极应战，却反映了神韵说在清初诗坛上稳固的地位。后来"性灵派"的袁枚也批评王士禛一味修饰，喜怒哀乐非出真心，但也只是说"一代正宗才力薄，望溪文集阮亭诗"，仍然承认王士禛为"一代正宗"。

诗神巨星

天才诗人与妙笔华篇

清代著名词人纳兰性德

纳兰性德（1655年—1685年），满洲正黄旗人，字容若，号楞伽山人，清代最著名词人之一。其诗词"纳兰词"在清代以至整个中国词坛上都享有很高的声誉，在我国文学史上也占有光采夺目的一席之地。他一生淡泊名利，善骑射，好读书，擅长于词，很具有诗人的风范。

在当时词坛中兴的局面下，他与阳羡派代表陈维崧、浙西派掌门朱彝尊鼎足而立，并称"清词三大家"。

纳兰性德的词基本以一个"真"字取胜，写情真挚浓烈，写景逼真传神，但细读却又感淡淡忧伤。流传至今的《木兰花令·拟古决绝词》是其众多代表作之一。

■ 著名文学家纳兰性德画像

■ 努尔哈赤（1559年—1626年），爱新觉罗氏。后金政权的建立者，清朝的奠基人和主要缔造者。其子皇太极改国号为"大清"并称帝后，追尊努尔哈赤为太祖，谥曰承天广运圣德神功肇纪立极仁孝睿武端毅钦安弘文定业高皇帝。

纳兰性德原名成德，后为避太子讳始改性德，字容若，号楞伽山人。他年少聪颖过人，主攻诗文，擅长骑射，是个文武全才。

他的父亲是康熙时期权倾朝野的宰相明珠，母亲觉罗氏为英亲王阿济格第五女，一品诰命夫人。他的家族纳兰氏，隶属正黄旗，为清初满族最显赫的八大姓之一，即后世所称的"叶赫那拉氏"。

纳兰性德的曾祖父名金台什，为叶赫部贝勒，其妹孟古，于1588年嫁给清王朝的奠基者努尔哈赤为妃，生皇子皇太极。

其后，纳兰家族与皇室的姻戚关系也非常紧密。因而可以说，纳兰性德一出生就被命运安排到了一个天皇贵胄的家庭里，他的一生注定是富贵荣华，繁花著锦的。

然而，也许是造化弄人，纳兰性德的个性偏偏是"虽履盛处丰，抑然不自多。于世无所芬华，若戚戚于富贵而以贫贱为可安者。身在高门广厦，常有山泽鱼鸟之思"。

1676年，22岁的纳兰性德参加了殿试，得二甲第

正黄旗 清代八旗之一，以旗色纯黄而得名。建于1601年，由皇帝亲自统领。正黄、镶黄和正白旗列为上三旗。八旗制度是满族的社会组织形式，最初具有军事、生产和行政三方面的职能，对早期满族社会经济的发展起到了促进作用。

七名，赐进士出身。但他并没有如愿成为翰林院庶吉士，而是受到皇帝的赏识留在身边伴驾，授予三等侍卫官职，后循进一等，武官正三品。

在旁人眼里，这种"皇恩眷顾"是平步青云的好机会，可纳兰性德的文人气质及其对汉文化的向往是与这种趄趄武夫的差事大相径庭的，本来就淡薄门第利禄的他并不以为然。

他认为，自己的人生中充满着一种不被理解的苦闷，为此，他在诗中写道："家家争唱饮水词，纳兰心事几人知！"他叹息自己："冷处偏佳，别有根芽，不是人间富贵花！"他的词，愁心漫溢，深情幽婉。

在交友上，纳兰性德最突出的特点是其所交"皆一时俊异，于世所称落落难合者"，这些不肯落俗之人，多为江南汉族布衣文人，如顾贞观、严绳孙、朱彝尊、陈维崧、姜宸英等。

纳兰性德对朋友极为真诚，不仅仗义疏财，而且敬重他们的品格和才华，就像平原君食客三千一样，

翰林院庶吉士
明清时期翰林院官员，为皇帝近臣，负责起草诏书，有为皇帝讲解经籍等责，是为明内阁辅臣的重要来源之一。在我国历史上，曾长期存在着一个带有浓厚学术色彩的官署翰林院。在院任职与曾经任职者，被称为翰林官，简称翰林，是传统社会中层次最高的士人群体。

近世时期

诗词大家

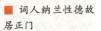
■ 词人纳兰性德故居正门

当时许多的名士才子都围绕在他身边。

在婚姻爱情方面，纳兰性德多情而不滥情，伤情而不绝情，爱情因而成为他诗词创作的一大主要源泉。1674年，纳兰性德20岁时，娶两广总督卢兴祖之女为妻，赐淑人。是年卢氏年方18，"生而婉娈，性本端庄"。

成婚后，二人夫妻恩爱，感情笃深。但是仅3年，卢氏因产后受寒而亡，这给纳兰性德造成极大痛苦，从此，他一直无法从亡妻的阴影中走出。尽管后来，他又继娶官氏，并且有副室颜氏陪伴，可是亡妻的影子总也不能从他的生活中消失。

作为诗文艺术的奇才，纳兰性德在内心深处厌倦官场庸俗和侍从生活，无心功名利禄。虽"身在高门广厦，常有山泽鱼鸟之思"。他诗文均很出色，尤以词作杰出，著称于世。24岁时，他把自己的词作编选成集，名为《侧帽集》，又著《饮水词》，再后有人将两部词集增遗补缺，共349首，编辑一处，合为《纳兰词》。

传世的《纳兰词》在清朝就享有盛誉，为文人、学士等高度评价，成为当时词坛的杰出代表。时人云："家家争唱《饮水词》，纳兰心事几人知？"可见其词的影响力之大。

同时，在任职期间，他还把

两广总督 清朝两广总督的正式官衔为"总督两广等处地方提督军务、粮饷兼巡抚事"，是清朝九位最高级的封疆大臣之一，总管广东和广西两省的军民政务。两广设置总督，始于1452年，然而这一建制在当时尚不稳定，直至1465年后才成为定制。

150

诗神巨星

天才诗人与妙笔华篇

■ 纳兰性德画像

■ 纳兰性德故居内亭榭

熟读经史过程中的见闻和学友传述记录整理成文，用三四年时间，编成四卷集《渌水亭杂识》，其中包含历史、地理、天文、历算、佛学、音乐、文学、考证等方面知识。此集表现出他相当广博的学识基础和各方面的意趣爱好。

由于他落拓无羁的性格，以及天生超逸脱俗的秉赋，加之才华出众，功名轻取的潇洒，与他出身豪门，钟鸣鼎食，入值宫禁，金阶玉堂，平步宦海的前程，构成一种常人难以体察的矛盾感受和无形的心理压抑。再加上，他的爱妻早亡，后续难圆旧时梦，以及文学挚友的聚散，使他无法摆脱内心深处的困惑与悲观。为此，在他的《饮水词》完成后不久，他便辞官在家休养，后来，由于他一直无法走出亡妻之痛，他于1685年暮春，抱病与好友一聚，一醉，一咏三叹，然后便一病不起，最终于当年溘然而逝。

佛学 对释迦牟尼与佛陀学说的研究，主要集中在对于佛教经典的整理与注疏上。它有时被等同于现代的佛教研究，但通常使用在较传统的研究方法上。在不同佛教传统中，产生许多不同的学派。佛学所探讨的主题，主要是以人生解脱为中心，并兼论及宇宙之问题两大部分。

纳兰性德诗稿

诗神巨星

天才诗人与妙笔华篇

况周颐（1859年—1926年），晚清官员、词人。原名周仪，因避宣统帝溥仪讳，改名周颐。字夔笙，今广西桂林人。光绪五年举人，曾官内阁中书，后入张之洞、端方幕府。一生致力于词，凡五十年，尤精于词论。与王鹏运、朱孝臧、郑文焯合称"清末四大家"。

纳兰性德虽然只有短短31年生命，但他却是清代享有盛名的大词人之一。在当时词坛中兴的局面下，他与阳羡派代表陈维崧、浙西派掌门朱彝尊鼎足而立，并称"清词三大家"。

然而与之区别的，纳兰性德是入关不久的满族显贵，能够对汉族文化掌握并运用得如此精深，是不得不令人大为称奇的。

纳兰性德词作现存300多首，内容涉及爱情友谊、边塞江南、咏物咏史及杂感等方面。尽管以作者的身份经历，他的词作数量不多，眼界也并不算开阔，但是由于诗缘情而旖旎，而纳兰性德是极为性中的人，因而他的词作尽出佳品，备受当时及后世好评。晚清官员况周颐在《蕙风词话》中誉其为"国初第一词手"。

阅读链接

据说，纳兰性德30岁时，在好友顾贞观的帮助下，认识了江南才女沈宛。著有《选梦词》。集中悼亡之作"丰神不减夫婿"。

可惜，沈宛在与纳兰性德相处一年之后，纳兰性德就去世了，这段短暂的爱情又以悲剧告终。作为一代风流才子，纳兰性德的爱情生活因而被后人津津乐道，也有捕风捉影的各种市井流言，最为盛传的是他的初恋是其表妹，但终不可考。

清代诗坛导师袁枚

■ 袁枚画像

袁枚（1716年—1797年），字子才，号简斋，晚年自号仓山居士、随园主人、随园老人。生于清代钱塘，即今浙江省杭州市。清代诗人、散文家。是乾嘉时期代表诗人之一，与赵翼、蒋士铨合称"乾隆三大家"，

袁枚为文自成一家，与纪晓岚齐名，时称"南袁北纪"。他善于以禅入诗，使诗歌腾跃着鲜活的生命气息，灵动洒脱，清新自然，在清代乾嘉诗坛独树一帜。代表作品有《小仓山房诗文集》《随园诗话》《随园随笔》等。

■ 袁枚画像

朴学 朴学又称考据学，针对理学的空疏而言。朴学在与宋明理学的对立和斗争中发展起来，注重于资料的收集和证据的罗列，主张"无信不征"少有理论的阐述及发挥，也不注重文采，因而被称作"朴学"或"考据学"，成为清代学术思想的主流学派。

袁枚少有才名，擅长写诗文。1739年，24岁参加朝廷科考，试题是《赋得因风想玉珂》，诗中有"声疑来禁院，人似隔天河"的妙句，然而考官们以为"语涉不庄，将置之孙山"，幸得当时大司寇尹继善挺身而出，才免于落榜，得中进士，授翰林院庶吉士。

1742年，袁枚外调做官，曾任沭阳、江宁、上元等地知县，推行法制，不避权贵，颇有政绩，很得当时总督尹继善的赏识。

袁枚33岁时，父亲亡故，辞官养母，在江宁购置隋氏废园，改名"随园"，筑室定居，世称随园先生。自此，他在随园过了近50年的闲适生活。他在给友人程晋芳的信中说："我辈身逢盛世，非有大怪癖、大妄诞，当不受文人之厄。"

袁枚晚年游历南方诸名山，与诗友交往。生平发现人才，奖掖后进，提倡妇女文学，广收女弟子，成为当时的诗坛导师。

事实上，袁枚的诗歌受到了禅风的哺育，这一点，已为同时代的人所注意。蒋士铨称袁枚为"诗佛"；王文治称袁枚"君不好佛，而所言往往有佛意"。袁枚诗歌作品，在思维方式、自由性灵的抒发等方面，都对禅宗有所吸收与扬弃。

袁枚对佛禅的吸收首先体现在思维方式上。乾嘉时期，朴学考据盛极一时。作为对明末"空谈心性"

风气的反动，清中叶的人们普遍以"形而下"的思维方式观照一切，诗歌也为"典故""来历"所肢解，成为考证的对象，诗歌的玄妙被具体的，感性的实证所掩遮。

袁枚汲取了禅家"形而上"思维方式，突破诗歌表现对感官经验的依附，非常注重艺术表现的空灵与独创，赋予平平常常的生活和事物以诗的美感。

袁枚"形而上"的思维方式，使他得以超越当时盛行的"形而下"思维模式，即使撷取寻常的题材，也能创作出绝妙的诗作，有一种诗意荡漾其中。他的《推窗》写道：连宵风雨恶，蓬户不轻开。山似相思久，推窗扑面来。

由于风雨大作而将门窗关紧，风雨过后将其打开本是生活中极为平常的事情，而用"山似相思久，推窗扑面来"将其升华，以山的扑面而来表现人对山的喜爱之情，诗意顿出。

诸如此类的例子在袁诗中不胜枚举。他的一些诗作表现了摆脱红

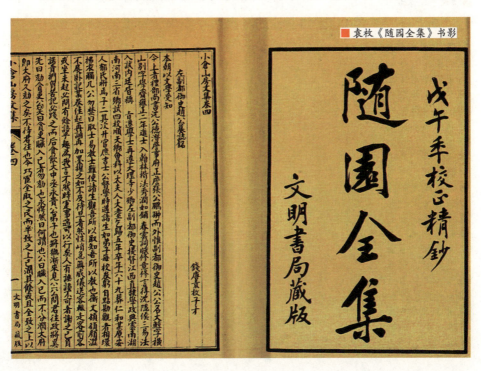

■ 袁枚《随园全集》书影

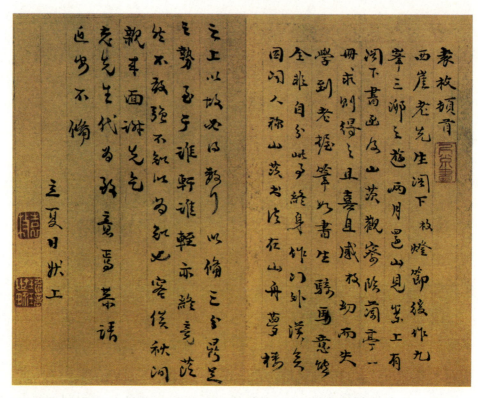

■ 袁枚手迹作品

诗神巨星

天才诗人与妙笔华篇

尘喧嚣的宁和，呈现出宁静平淡的禅境。

比如，他的《水西亭夜坐》写道：

禅宗 佛教分为九乘佛法，然禅宗即是教外别传之第十乘。禅宗又名佛心宗摄持一切乘。汉传佛教宗派之一，始于菩提达摩，盛于六祖惠能，中晚唐之后成为汉传佛教的主流，也是汉传佛教最主要的象征之一。汉传佛教宗派多来自印度，但唯独天台宗、华严宗与禅宗，是我国独立发展出的三个本土佛教宗派。

明月爱流水，一轮池上明。

水亦爱明月，金波彻底清。

爱水兼爱月，有客坐于亭。

其时万籁寂，秋花呈微馨。

荷珠不甚惜，风来一齐倾。

露零萤光湿，屐响蛩语停。

感此玄化理，形骸付空冥。

坐久并忘我，何处尘虑撄。

钟声偶然来，起念知三更。

当我起念时，天亦微云生。

在清寂恬淡中，心灵与宇宙化合，进入"形骸付空冥"的境界。在这样的一些诗作中，诗人常以月色的空明、秋天的清丽创造"空""寂""静"的近乎禅宗的意境。

从袁枚的性灵说也可以看出禅宗对他的诗歌的影响。他主张写诗要直抒胸臆，写出个人的"性情遭际"。他扬弃了禅家宗教的涵义，重视人的自然情感和真实个性。他对诗歌的灵动活脱的追求，与禅家的"活泼泼地"有很大的相通之处。

袁枚性灵说就是作诗要有个性、有感悟、有新意。平时要多研究古人，积累学问，而落笔时则提倡"有我"之真率精神，反对堆砌典故和处处模仿古人的形式主义。要有感而发、贴近现实，要生动自然、清新有趣，即使语言通俗一些也不是诗的毛病。

袁枚自称，"双眼自将秋水洗，一生不受古人欺"。的确，他远非禅宗的虔诚信徒，但又能从中汲取合理的因素，能入禅境，又能出禅境，不受一家之学的束缚，这正是袁枚的可贵之处。

总之，在袁枚那里，禅宗的精神已经作为一种文化心理积淀，直接影响他的艺术思维。这在其空灵鲜活的诗歌意境、自由性灵的抒发等方面都有不同程度的表现。

阅读链接

袁枚不信鬼神，传说他进京赶考，路投客店，晚上睡觉时，突然房门大开，一白衣女子从门外飘进。只见她手拿两条白绫，进屋后将一条白绫绕在房梁上，把头吊起来，又将另一条递给袁枚，说："你也像我这样。"

袁枚将白绫缠在脚上。那女子说："错了！"

袁枚正色道："你才错了！所以你才变成这样。"

女子一怔，忽然放声大哭，哭后对袁枚拜了三拜，飘然而去。掌柜的第二天听说这事，自言自语道："此子今科必中。"是年，袁枚果然高中。

诗风奇肆的龚自珍

龚自珍（1792年—1841年），字璱人，号定盦，曾字尔玉，更名易简，字伯定，再更名为巩祚。生于清代浙江仁和，即今浙江省杭州。清朝期著名思想家、文学家。他主张革除弊政，抵制外国侵略。

他的许多诗既是抒情，又是议论，把现实的现象，提到社会历史的高度，提出问题，抒发感慨，表示态度和愿望。

龚自珍所写《己亥杂诗》315首，是他思想的精华，其诗风瑰丽奇肆，被柳亚子誉为："三百年来第一流"。

著有《定庵文集》，留存文章300余篇，诗词近800首，今人辑为《龚自珍全集》。

龚自珍画像

■ 龚自珍在禁烟动
议中的雕像

龚自珍出生在一个世族书香和五代官宦的家庭。祖父和父亲除了任官，还有著述。母亲是著名的文学家段玉裁的女儿，也会写诗作文。这样的家庭环境为龚自珍的成才，提供了得天独厚的条件。

他12岁时，拜一位人品端正、学识渊博的宋先生为师，学习《四书五经》，学问精进。27岁中举人，可是后来屡试不中。30岁时，在清内阁的国史馆中任中书，这使他有机会翻看国家的大量藏书。

龚自珍曾经跟随父亲调任，奔走南北，即看到了统治集团的内幕，又接触了社会，促使他关心世情民隐。他从挽救清王朝危机出发，疾呼要打破"万马齐喑"的局面，极力主张"变法图强"。为此，他大胆提出一些改革弊政的方法。

龚自珍全力支持林则徐禁止鸦片烟的运动。当林则徐奉旨往广东禁烟时，龚自珍闻讯高兴无比，挥笔写了一篇《送钦差大臣侯官林公序》，名为送行，实

内阁 明、清最高官署名。内阁是在明朝永乐时期建立的。在最初的时候只是秘书性质的机构，但很快到宣德时期权力开始上升。清末仿行君主立宪制，设责任内阁，以旧内阁与军机处合并为最高国务机关。北洋军阀时期改称国务院，习惯上仍称内阁，其成员称阁。

■ 林则徐（1785年—1850年），字元抚，又字少穆、石麟，晚号俟村老人、栎社散人等。福建侯官人，即今福建省福州。清朝后期的政治家、思想家和诗人，是中华民族抵御外辱过程中伟大的民族英雄，其主要功绩是虎门销烟，维护了我国主权和民族利益。

则鼓励林则徐加强战备，克敌取胜。

当林则徐在虎门销烟的消息传来时，欲辞官南下的龚自珍于是写下这样的诗句：

故人横海拜将军，侧立南天未薇勋。
我有阴符三百字，蜡丸难寄惜雄文。

诗中抒发了他坚决支持禁烟并渴望亲临前线的战斗豪情。

1841年春，龚自珍执教于江苏丹阳云阳书院。夏末，他曾写信给江苏巡抚，准备辞去教职，赴上海参加反抗外国侵略的战斗。但他突患急病暴卒于丹阳，年仅50岁。

《己亥杂诗》是龚自珍创作的一组诗集。己亥即1839年。这一年他48岁，因厌恶仕途，辞官离京返杭，后因迎接眷属，又往返一次。在往返京杭的途中，共写了300多首七绝，写了平生出处、著述、交游等，题材极为广泛。

总观《己亥杂诗》全篇，这些诗紧紧围绕现实政治这一中心，或批判现实，或寄托感慨，思想深邃，寄慨遥远，具有喻世、醒世和警世的进步作用，为有清一代罕见，乃新清代诗坛之面目。

古体诗 一般又叫古风，这是依照古诗的作法写的，形式比较自由，不受格律的束缚。从诗句的字数看，有所谓四言诗、五言诗和七言诗。四言是四个字一句，五言是五个字一句，七言是七个字一句。唐代以后，四言诗很少见了，所以通常只分五言、七言两类。

首先，《己亥杂诗》实现了政论、抒情和艺术的统一。他的许多诗既是抒情，又是议论，但不涉及事实，议论亦不具体，而只是把现实的普遍现象，提到社会历史的高度，只提出问题，抒发感慨，表示自己的态度和愿望。他以政论作诗，但并不抽象议论，也不散文化。

其次，《己亥杂诗》充满丰富奇异的想象。在龚自珍的诗中，"月怒""花影怒""太行怒""太行飞""爪怒""灵气怒"等，习见的景物变得虎虎有生气，动人耳目，唤起不寻常的想象。

再次，《己亥杂诗》形式多样，风格多样。诗人自觉地运用古典诗歌多种传统形式，但写得多的还是五七言"古体诗"和七言的"近体诗"，而以七言绝句为大宗。他的古体诗，五言凝练，七言奔放；近体

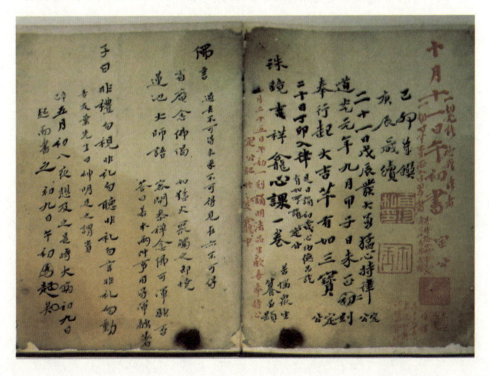

■ 龚自珍手迹

近体诗 又称今体诗或格律诗，是我国讲究平仄、对仗和押韵的诗体。为有别于古体诗而有近体之名。指唐代形成的格律诗体。在近体诗篇中句数、字数、平仄、押韵都有严格的限制。近体诗是唐代以后的主要诗体，代表诗人有：李白、杜甫、李商隐、陆游等。在中国诗歌史上有着重要地位。

诗，七言律诗含蓄稳当，绝句则通脱自然。复杂深刻的思想内容，多种多样的语言形式，是他的诗风多样化的基础。

最后，《己亥杂诗》语言清奇多彩，不拘一格。有瑰丽，也有朴实；有古奥，也有平易；有生僻，也有通俗。一般自然清丽，沉着老练。龚自珍先进的思想是他许多优秀诗篇的灵魂。比如，其中的第五首和第一百二十五首，就足以见其诗风。

《己亥杂诗》的第五首写道：

浩荡离愁白日斜，吟鞭东指即天涯。

落红不是无情物，化作春泥更护花。

这首诗写诗人离京的感受。但这首小诗将政治抱负和个人志向融为一体，将抒情和议论有机结合，形象地表达了诗人复杂的情感。

龚自珍在《书汤海秋诗集后》中论诗时曾说"诗与人为一，人外无诗，诗外无人”，这首诗的创作就是最好的证明。

《己亥杂诗》的第一百二十五首写道：

九州生气恃风雷，万马齐喑究可哀。
我劝天公重抖擞，不拘一格降人才。

这是一首出色的政治诗。全诗层次清晰：一写万马齐喑，朝野噤声的死气沉沉的现实社会；二写要改变这种沉闷，腐朽的现状，就必须依靠风雷激荡般的巨大力量；三写力量来源于人才，力主破格荐用人才，只有这样，中国才有希望。

在艺术手法上，诗人选用"九州""风雷""万马""天公"这样的具有壮伟特征的主观意象，寓意深刻，气势磅礴。"风雷"比喻新兴的社会力量，比喻尖锐猛烈的改革。具有从大处着眼，整体着眼，大气磅礴，雄浑深邃的艺术境界。

"万马齐喑"比喻在腐朽、残酷的反动统治下，思想被禁锢，人才被扼杀，到处是昏沉、庸俗、愚昧，一片死寂、令人窒息的现实状况。

"我劝天公重抖擞，不拘一格降人才"是传诵的名句。

■ 龚自珍雕像

龚自珍书法

在这首诗中，诗人用奇特的想象表现了他热烈的希望，他期待着优秀杰出人物的涌现，期待着改革大势形成新的"风雷"、新的生机，一扫笼罩九州的沉闷和迟滞的局面，既揭露矛盾、批判现实，更憧憬未来、充满理想。它独辟奇境，别开生面，呼唤着变革，呼唤未来。

龚自珍在诗歌的思想内容和艺术形式这两个方面都进行了大胆的革新，为清诗的解放做出了巨大的贡献，他的诗正是他一生的写照。

而龚自珍的深度，则又更加超过前人，绝对显示出清诗自己的独特面目，从而使清代诗歌解放达到了顶峰，别开生面地开创了诗的一个新的历史时代。

阅读链接

有一天，龚自珍走到镇江的南郊，他看见一群人正在这里向雨神祈求降雨。一位老者握笔凝思，准备写祈雨的文章。老者一见龚自珍，立即请他出一篇妙文，原来这老者是龚自珍的老朋友。

龚自珍也不加推辞，大笔一提就写下了著名的诗篇："九州生气恃风雷，万马齐喑究可哀。我劝天公重抖擞，不拘一格降人才。"

龚自珍知道，祈雨是无用的，即使降了雨也只能解决一时的问题，国家的根本问题是人才问题。没有人才，国家就永远不会太平和富强。